Michaela Merten

Du bist beschützt

Michaela Merten

Du bist beschützt
Engel-Gebete

nymphenburger

© 2013 nymphenburger in der
F. A. Herbig Verlagsbuchhandlung GmbH, München.
Alle Rechte vorbehalten.
Schutzumschlag: Wolfgang Heinzel
Schutzumschlagmotiv: shutterstock-images
Layoutentwurf: www.atelier-sanna.com, München
Satz: Buch-Werkstatt GmbH, Bad Aibling
Gesetzt aus: 10/14 pt Limmerick light
Druck und Binden: Finidr s.r.o.
Printed in the EU
ISBN 978-3-485-01404-5

Auch als

www.nymphenburger-verlag.de
www.michaela-merten.de

Inhalt

Engel-Gebete

Ich liebe Engel

Engel sind pure Energie, reine Bewusstseinszustände, Aspekte der göttlichen Schöpferkraft, Gottes Botschafter auf Erden ...

Ich bin katholisch aufgewachsen, deswegen waren Engel für mich genauso existent wie du und ich. Als Kind stellte sich mir die Frage gar nicht, ob es Engel gibt oder nicht – sie waren einfach da.
Dann kam eine lange Zeit der Zweifel und der Verleugnung. Die materielle Welt hatte mich komplett vereinnahmt und die Energie der Engel wanderte ab ins Märchenland. Interessanterweise habe ich mich dennoch immer an meine Engel gewandt, wenn ich verzweifelt war, wenn ich vor einer wichtigen Prüfung stand oder Schutz oder Trost brauchte. In diesen Momenten war es mir egal, ob es Engel tatsächlich gab oder nicht.

Ganz offensichtlich braucht der Mensch den Glauben an eine höhere Wirklichkeit. Wir können und wollen uns nicht damit abfinden, ein biologischer »Unfall« zu sein, eine Laune der Evolution oder eine zufällige Anordnung verschiedener Komponenten. Wir wollen einen Sinn im Leben haben und es soll wichtig sein, dass wir hier sind. Wir wollen nicht sterben, auch wenn wir wissen, dass unser Körper zerfällt. Wir wollen an die Unsterblichkeit der Seele glauben.

Wir brauchen das Gefühl, in dieser endlosen Weite beschützt zu sein.

Irgendwann habe ich mich entschieden, an das zu glauben, was ich will und was mir guttut. Ich liebe Engel. Ich finde ihre Geschichten schön, mir hilft es, mich mit der Essenz eines Engels zu verbinden, denn jeder Engel verkörpert zugleich auch eine Kraft für meine eigene Entwicklung. Ich spreche auch gern ihre Namen aus. Jeder dieser Namen hat eine eigene Frequenz, die in uns Resonanzfelder zum Schwingen bringen kann. Wenn wir den Namen eines Engels wie ein Mantra wiederholen, kommen wir in Kontakt mit seiner Schwingung.

Ich habe für dieses Buch Engel der christlich-jüdischen Tradition ausgewählt – ohne Anspruch auf Vollständigkeit. Engel sind riesige, kraftvolle Lichtwesen, deren Kraftfeld man nicht in Begriffe packen oder gar mit Worten beschreiben kann. Ihre Macht wirkt über Raum und Zeit hinaus. Wir können uns mit ihnen verbinden und sie darum bitten, uns beizustehen, wenn wir sie brauchen. Sie helfen uns liebend gerne!

Lass dich ein auf ihre liebevolle Energie, verbinde dich ganz bewusst mit ihnen und du wirst merken, wie sehr du durch sie gestärkt und beschützt wirst.

Ich wünsche dir viel Freude dabei!
Deine Michaela

Begegnung mit dem Licht

Meine Augen hatten sich an die Dunkelheit schon gewöhnt. Ich drehte mich um und sah die anderen in ihren Betten liegen und schlafen. Ich konnte nicht schlafen. Ich versuchte zu verstehen, warum ich hier war. »Ja, ich bin zu schwach, kann mich kaum auf den Beinen halten, aber ist das ein Grund, mich hierherzubringen?« Ich drehte mich um und stieß mit meiner Schulter gegen die Gitterstäbe. »Was für eine Frechheit! Sie haben mich ins Gitterbett gesteckt, dabei bin ich doch schon acht! Mit acht Jahren fällt man nicht mehr aus dem Bett, wissen die das denn nicht?«

Ich war traurig und verzweifelt. Ich wollte wieder raus und spielen! Was sollten das für Ferien sein, wenn man sie im Krankenhaus verbrachte? Meine Eltern durften mich nur kurz besuchen, die Kinder, die mit mir im Zimmer lagen, durften nicht mit mir spielen. Es würde mich zu sehr aufregen, hieß es. Wenn ich aufs Klo wollte, musste ich läuten, um dorthin begleitet zu werden. Aus meinem Körper kam eine schwarze Flüssigkeit heraus, aber keiner erklärte mir, was das war.

Würde ich sterben müssen? Die besorgten Gesichter der Krankenschwestern, das leise Reden und der bekümmerte Blick des Arztes – was wollten sie vor mir verbergen?

Es war stockdunkel, ich konnte nicht schlafen, dämmerte vor mich hin und stellte mir vor, wie draußen die Sonne schien und ich mit den kleinen Katzen spielte und den anderen Tieren vom Zirkus. »Ferien mit einem Zirkus! Das war mein Traum! Und jetzt? Warum? Ich will raus!« Ich weinte und weinte ... Ich schluchzte, konnte mich kaum beruhigen.

In diesem Moment wurde es im Zimmer ganz hell. Ich spürte ein strahlend helles Licht, wollte mich jedoch nicht umdrehen. »Die Sonne kann noch nicht aufgehen«, dachte ich trotzig. »Es ist mitten in der Nacht! Die Krankenschwester hat doch gerade erst das Licht ausgemacht!«

Das Licht wurde immer stärker und stärker. Ich sah es durch meine Augenlider immer heller strahlen. Ich drehte mich um und schaute in den Raum. Die Betten der anderen Kinder lagen vollkommen im Dunkeln. Was war das für ein Licht? Ich kletterte aus dem Bett und ging langsam auf das Licht zu. Es war ganz anders als die Sonne, es zog mich regelrecht in sich hinein.

Ich spürte, wie ein großes Glücksgefühl durch meinen kleinen Körper strömte.

Ich fühlte eine unendliche Sehnsucht, ein starkes Ziehen in der Herzgegend. In mir entstand ganz klar der Wunsch: »Ich will mit! Nimm mich mit! Ich gehe mit dir ins Licht! Nimm mich mit nach Hause!«

Ich bekam eine Antwort. Diese Antwort kennt keine Worte, vielmehr war sie wie eine Gewissheit. Aus dem Licht kam die Botschaft: »Ich kann dich noch nicht mitnehmen. Du sollst dableiben.« Ich schrie und wehrte mich innerlich gegen diese Antwort und bettelte darum, mitgehen zu dürfen. Erneut kam die Antwort aus der Lichtquelle, ganz liebevoll und bestimmt: »Du sollst hierbleiben, ich nehme dich nicht mit.«

Ich verstand nichts und wollte es auch nicht verstehen. »Warum darf ich nicht mit dir gehen? Da ist doch mein Zuhause?« Jede Faser meines Körpers zitterte vor Sehnsucht. Ich wollte wieder zurück, egal was war. Ich wollte nicht mehr ins Gitterbett, nicht in meinen kleinen Körper, ich wollte frei sein, frei von allem. »Man versteht mich hier sowieso nicht, was soll ich hier? Bei dir ist es viel schöner.« Die große Lichtgestalt blieb liebevoll und bestimmt. Ich stand eine Ewigkeit da und spürte, wie mich die Sehnsucht fast verzehrte. Das Licht zog sich langsam zurück.

Ich gab auf. Ich sah, wie ich mich umdrehte und in mein Gitterbett zurückkletterte. Mein Herz schien von einer Eisenfaust umklammert zu sein. Ich fühlte mich verloren und einsam. Ich war zu schwach, um zu weinen. Ich schloss die Augen und der Schleier des Vergessens senkte sich über mich.

Kurze Zeit später wurde ich aus dem Krankenhaus entlassen. Meine Eltern waren überglücklich und ich tapste unsicher und abgemagert in die Welt hinein.

Der Arzt hatte meinen Eltern vor dieser besagten Nacht gesagt, dass sie sich darauf vorbereiten sollten, dass ich sterben könnte. Wenn ich diese Nacht überleben würde, dann würde alles gut.

Nach ein paar Wochen war mein Körper wieder gesund – mein Herz hatte ich in dieser Nacht verloren. Den Kummer, den es seit dieser Nacht umgab, trug ich in meinem Leben weiter. Erst viele Jahre später sollte ich die Tür der Erinnerung wieder öffnen und verstehen, was damals geschehen war. Mir war damals nicht bewusst, wer diese Lichtgestalt gewesen war – ich wusste nur, dass dies mein wahres Zuhause ist und dass ich mich da geborgen und beschützt fühlte.

Die Verbindung zwischen Himmel und Erde

Die tiefe Verbundenheit mit den Engeln darf ich immer wieder spüren – im Alltag genauso wie zu außergewöhnlichen Ereignissen. Eine schöne Erinnerung möchte ich gerne mit euch teilen. Vor einigen Jahren war ich auf Hawaii, um mich mit Huna-Heilern zu treffen und von ihnen den Umgang mit Pflanzen und Kräutern zu lernen. Ich kam also nach einem Tag Training mit ihnen und einer langen Autofahrt ziemlich kaputt in mein Appartement. Ich schloss die Wohnungstür auf und wollte mir, völlig ausgehungert wie ich war, zuerst etwas zu essen machen, da sagte eine innere Stimme: »Fahr noch mal in dieses Dorf.« Ich schimpfte: »Jetzt bin ich gerade zwei Stunden mit dem Auto nach Hause gefahren, ich bin müde und hungrig, ich steige nicht noch mal ins Auto und fahre um die halbe Insel!« Die innere Stimme sagte deutlich und bestimmt: »Fahr hin.« Maulend stieg ich ins Auto, aß während der Fahrt irgendein vertrocknetes Croissant und merkte, dass ich nur 13,45 Dollar dabeihatte. »Na toll!«, maulte ich vor mich hin. »Jetzt habe ich kaum Geld dabei für Benzin und schon gar nicht für ein ordentliches Abendessen!« Etwas in mir sagte: »Es ist für alles gesorgt, du sollst nur zu einem bestimmten Zeitpunkt an einer bestimmten Stelle sein.« Ich schaute auf die Uhr. Ich hatte noch eineinhalb Stunden zu fahren. Ich entspannte mich, gab meinen inneren Widerstand auf und überließ mich vollkommen der Situation. Innerlich vertraute ich darauf, dass es schon richtig sein würde – auch wenn ich es überhaupt nicht verstand.

Ein paar Minuten vor dem innerlich vereinbarten Zeitpunkt kam ich an. Ich stieg aus dem Auto aus, in hoher Erwartung, was nun passieren würde ... nichts. Nichts.

Ich merkte, wie ich ungeduldig wurde, und ging in den nächsten Laden. Ich sah mich um und erblickte eine hübsche kleine Göttinnenstatue. Winzig klein, genau richtig für die Hosentasche. Ich stellte sie wieder zurück, denn ich hatte ja wenig Geld dabei, das wollte ich nicht für so etwas ausgeben. Da drängte mich meine innere Stimme: »Kauf sie!«

»Nein!«

»Kauf sie!«

»Sie ist sicher zu teuer!«

»Kauf sie!«

Ich fragte nach dem Preis: 13,45 Dollar ... Genau in dem Moment, als ich sie bezahlte, hörte ich lautes Rufen auf der Straße. Alle rannten nach draußen und starrten in den Himmel. Die Leute auf der Straße sprangen glücklich in die Luft, umarmten sich und waren außer sich vor Freude. Ich blickte in die Richtung, in die alle schauten. Und da sah ich ihn auch: den größten, prächtigsten Regenbogen, den ich je gesehen hatte, in doppelter Ausführung über uns. Die Farben waren so intensiv, dass ich es nicht fassen konnte. Er sah aus, als ob Gott persönlich ihn gemalt hätte. Ich stand da, mit Tränen in den Augen, und umarmte wildfremde Menschen, die ebenso berührt und glücklich waren wie ich. Er blieb so strahlend bunt stehen, bildete einen perfekten Bogen über uns und ich fühlte mich in diesem Moment reich beschenkt und gesegnet. Mein Herz platze fast vor Glück. In mir weiteten sich unendliche Räume der Liebe und Weisheit. Es war wie eine Einweihung.

Dann setzte ich mich ins Auto und fuhr dem Regenbogen »hinterher«. Ich saß bestimmt noch eine Stunde lang im Auto und fuhr und fuhr und er blieb und blieb. Die ganze Autofahrt über liefen mir Tränen des Glücks über die Wangen, ich bedankte mich bei meinem »sturen« Engel, dass er mich hierhergebracht hatte, und hatte das tiefe Gefühl, dass dieser magische Moment mein Leben bestimmen würde. Ich wusste intuitiv, dass ich die Verbindung sein sollte zwischen Himmel und Erde. Ich verstand, dass meine Gefühle und Erfahrungen von Getrenntsein, Ablehnung und Mich-missverstanden-Fühlen damit zusammenhingen, dass ich nicht auf der Erde sein wollte. Ich wollte zurück in den »Himmel« wie damals als Kind. Ich wollte »nach Hause« – dabei war ich schon zu Hause. Zu Hause in mir, in meiner Schöpferkraft. Es ging darum, den Himmel auf Erden zu erschaffen. Ich spürte tief in mir, dass die Verbindung mit der Natur und den Elementen mich zu meiner inneren Natur zurückbringen würde. Ich verstand plötzlich meinen ganzen Lebensplan und die Schöpfung – deren Teil ich bin.

> »Deine Seele hat einen Regenbogen,
> weil deine Augen Tränen haben.«
> Indianisches Sprichwort

Glücklich fuhr ich zurück und behielt das Bild den Regenbogens, der meine seelische Himmelsleiter war, für immer in mir verankert. Die kleine Göttinnenstatue steht heute auf meinem Schreibtisch und ist ein liebevoller Beweis, dass dieses magische Erlebnis stattgefunden hat. Sie erinnert mich immer an das, was ich bin: die Verbindung zwischen Himmel und Erde.

Wir sind beschützt

Seit ich mich erinnern kann, trug ich eine silberne Kette um den Hals, an der ein Schutzengelamulett und ein Rosenquarz hingen. Meine Mutter hatte mir diese Kette gegeben, als ich drei Jahre alt war. Ich legte diese Kette bis zur Pubertät nie ab – selbst beim Turnunterricht nicht – brauchte ich sie doch da am dringendsten!

Immer wenn ich traurig war, nicht wusste, was ich machen sollte, oder kurz vor einer Prüfung stand, nahm ich das Engelamulett in meine Hand, schloss die Augen und sandte ein kleines Stoßgebet zum Himmel. Meistens verwendete ich nie viele Worte – für mich reichte es, einfach darauf zu vertrauen, dass mein Schutzengel mich hören kann und mir in dieser Situation beisteht. Ich wusste, ich bin auf dem Nachhauseweg beschützt, nachts, wenn ich vom Tanzunterricht an dunklen Hauseingängen vorbei musste oder wenn ich mit dem Fahrrad auf der Straße fuhr.

Ich kommunizierte mit meinem Schutzengel wie mit einem sehr guten Freund.

Meine kindliche Art und Weise, mit Engeln zu sprechen, habe ich mir heute wieder angeeignet. Ich bitte, flehe, schimpfe, fordere sie heraus und lache mit meinen Engeln.

Beim Autofahren – wenn ich merke, dass ich unkonzentriert bin – bitte ich sie, mich in meine Mitte zu bringen und meine Hände zu lenken. Bei Entscheidungen bitte ich darum, dass ich die richtige Wahl für meine bestmögliche Weiterentwicklung treffe. Wenn ich aus brenzligen Situationen heil wieder herausgekommen bin, bedanke ich mich mehrmals – laut oder leise –, die Kommunikationsart ist mir egal.

Wenn ich traurig bin und um ein Zeichen bitte – da kann ich schon sehr ungeduldig sein –, dann finde ich plötzlich einen Stein in Herzform auf dem Weg, ein Schmetterling flattert um mich herum oder ein kleines Regenbogenprisma auf der Wand oder auf dem Schreibtisch erscheint.

Es gibt viele Situationen in meinem Leben, in denen ich vor größeren Katastrophen beschützt worden bin. Manchmal habe ich auch rechtzeitig eine »Warnung« bekommen – oder Hinweise und Zeichen, in einer bestimmten Situation wachsam zu sein.

Ich kann mich noch erinnern, wie ich mit meiner damals sechsjährigen Tochter eine sehr lange Autofahrt nach Hause machte. Es war ungewöhnlich heiß, ich fuhr schon fünf Stunden und hatte noch zwei Stunden vor mir. Julia schlief hinten im Kindersitz und ich kämpfte mit der Hitze, meiner Müdigkeit und der frontalen Sonneneinstrahlung direkt in mein Gesicht. Ich fuhr auf der Autobahn und fing an einzunicken. Ich merkte erst, dass ich kurz eingeschlafen sein musste, als ich auf ein anderes Auto fuhr. Beide Wagen schleuderten. Glücklicherweise konnte ich mein Auto auf die Standspur lenken. Der andere Fahrer lenkte sein Auto auch auf die Standspur und stieg genauso unversehrt aus wie ich. Auch meiner Tochter war nichts passiert. Wir hatten alle drei einen starken Schutzengel!

Manchmal überfällt mich im Alltag eine unerklärliche Unruhe. Dann höre ich in mich hinein und frage, aus welcher Richtung diese Unruhe kommt. Sobald ich lokalisiert habe, um welches Thema es sich handelt, bitte ich die Engel, diesem Aspekt zur Seite zu stehen.

Wenn unsere Tochter vor wichtigen Prüfungen in der Schule stand, schickte ich ihr unterstützende Engelenergien. Ich bat einfach darum, dass ihr die richtigen Antworten zur richtigen Zeit einfallen sollten. Ob es nun das war, was die guten Noten bewirkt hat, oder nicht – auf jeden Fall war ich ruhiger. Ich konnte etwas »tun«.

Die Engel um etwas zu bitten fällt mir sehr leicht. Als Kind habe ich alle Geschichten mit Engeln verschlungen. Ich las die Bibel, um mir selbst Trost zu spenden, wenn mir schwer ums Herz war. Ich »verstand«, was Jesus meinte und durchmachte und liebte die Gleichnisse, mit denen er zu den Menschen sprach. Es gab ein lebendiges Miteinander zwischen den Menschen, den Propheten, Gott und den himmlischen Heerscharen.

Mein Lieblingsengel war Erzengel Michael. Ich war besonders stolz darauf, nach ihm benannt worden zu sein, und er ist auch der Engel, zu dem ich am meisten bete. Seine Kraft, seine lichtvolle Macht und seine kämpferische Klarheit machen ihn in meinen Augen zum perfekten »Anführer der himmlischen Heerscharen«. Er wird immer mit dem Lichtschwert dargestellt und dieses Bild habe ich oft vor Augen, wenn ich um das Durchtrennen alter Glaubensmuster und Überzeugungen bitte.

Ich bin überzeugt davon, dass es Energien gibt, die unsere Entwicklung unterstützen und schützen.

Wenn wir Menschen uns einfach angewöhnen könnten, »nach oben« abzugeben, dann würden wir merken, dass wir nicht allein sind.

Wir würden wissen und tief in uns spüren, dass wir auf all unseren Wegen beschützt sind, dass auf uns geachtet wird. Dass wir zwar den freien Willen haben, unser Leben so zu gestalten, wie wir es wollen, aber immer Unterstützung haben – wenn wir darum bitten.

Die Kraft des Gebets

Warum sollten wir jemanden um etwas bitten? Wir haben doch gelernt, alles allein zu machen, alle Probleme allein zu lösen, und brauchen keinen Beistand. Jemand anderen um etwas zu bitten kommt einer Niederlage gleich!

Nun, das ist ein Irrtum. Oft sind wir verstandesmäßig so verstrickt in unsere Probleme, dass wir vor lauter Hindernissen die Lösung nicht sehen und die Schwierigkeiten auch nicht loslassen können.

Diese Phase ist von verschiedensten Ängsten begleitet: Verlustängsten, die Angst, eine falsche Entscheidung zu treffen, Angst vor Liebesverlust, Existenzangst – all diese ganzen Gefühle gipfeln darin, dass man sich einem »Schicksal« gegenüber ohnmächtig und ausgeliefert fühlt.

> Die Kraft des Gebets ist heutzutage
> in Vergessenheit geraten und
> wird auch vollkommen unterschätzt.

Die Gedanken zur Ruhe zu bringen und sich innerlich zu sammeln, um genau sagen zu können, was man wirklich aus tiefsten Herzen will – dafür nehmen wir uns jedoch kaum noch die Zeit. In wwww seelischer Not fällt einem vielleicht noch das Vaterunser ein oder andere Gebete der Kindheit, doch die Fähigkeit, die eigene Verzweiflung erst einmal ruhen zu lassen, sich zu sammeln, abzuwarten, um neue Impulse zu bekommen, wird fast nicht wahrgenommen.

Das Leben hält immer wieder Herausforderungen für uns bereit. Wenn wir sie genau betrachten, wird uns bewusst, dass bei jeder neuen Schwierigkeit eine bestimmte Ebene unseres Seins als Lernziel in uns angesprochen wird.

Wenn wir zum Beispiel zu wenig Vertrauen haben, wird genau dieser Aspekt immer wieder im Leben gefordert werden – indem man vielleicht ein besonders abenteuerlustiges Kind hat oder einen besonders sportlichen Mann mit einem gefährlichen Hobby … Oder man wird in seinem Beruf ständig daran erinnert, mehr Vertrauen in die eigenen Fähigkeiten zu entwickeln.

Letztendlich geht es dabei immer darum, die verschiedenen Aspekte zu verstehen und zu lernen, mit ihnen liebevoll und befreit umzugehen. Dies kann man allerdings nur tun, wenn man sich ihrer bewusst wird.

Das Gebet ist eine sehr effektive Art, seine Gedanken zu ordnen und Klarheit zu bekommen, was wirklich wichtig ist.

Die innere Haltung und das Motiv, warum um etwas gebeten wird, sind sehr entscheidend dafür, ob der Bitte stattgegeben wird oder nicht. Man hat Respekt vor der Person, die man um etwas bittet, und hat sich sehr gut überlegt, ob und wie man etwas vorbringt. Erst dann entschließt man sich, diese Bitte vorzutragen. Schließlich bittet man ja nicht um sinnlose Dinge, oder? Dieser innere Prozess der Vorbereitung dient sehr effektiv der Ordnung und der seelischen Reinigung.

Wenn der Wunsch der seelischen Weiterentwicklung dient, dann gibt es immer einen Weg, der zu seiner Erfüllung führt. Auch um materielle Dinge kann gebeten werden. Oft wollen wir Materie, um unser Leben einfacher und schöner zu gestalten. Es ist überhaupt nichts Verwerfliches dabei, um eine Wohnung, ein Auto, mehr Geld oder eine Beförderung zu bitten. Das Motiv und die innere Haltung sind ausschlaggebend.

Wenn wir also um etwas bitten, dann vertrauen wir darauf, dass man sich darum kümmert. Also könnten wir uns nach dem Gebet zurücklehnen und warten, bis das von selbst geschieht, worum wir gebeten haben. Manchmal ist das tatsächlich der Fall, manchmal funktioniert es jedoch nicht. Warum? Nun, das hat mit der Wichtigkeit und der Motivation zu tun, aus der heraus man dieses Gebet vorgebracht hat. Manchmal ist es hilfreich, das Gebet oft zu sprechen, damit die innere Haltung gestärkt und in eine kraftvolle Überzeugung umgewandelt wird. Manchmal ist man bereits so voller Vertrauen, dass man das Gebet nur einmal auszusprechen braucht und die Erfüllung »fliegt« einem zu.

Ich wurde nach dem Motto erzogen: »ora et labora« – bete und arbeite. Diese Haltung empfinde ich als die gesündeste. Es geht um seelische Entwicklung, die nur stattfinden kann, indem ich etwas tue und mich bewege.

Wenn ich meinen Anteil in das Ziel investiere, dann bekomme ich auch etwas zurück. Das ist das Energiegesetz.

Probiere es aus! Gehe wieder in Zwiesprache mit dir selbst. Sehe es als vollkommen selbstverständlich an, um etwas zu bitten und dich dafür zu bedanken. Bedanke dich für jede Kleinigkeit: ob es sich um eine begehrte Konzertkarte handelt, einen Sitzplatz in der U-Bahn, Schutz für deine Familie, das Wiederfinden deines Haustieres, Gesundheit und Glück für deine Mitmenschen, die beste Lösung für ein Problem ...

Das Gebet unterstützt mich persönlich enorm bei all meinen Vorhaben, es beruhigt und zentriert mich. Es gibt mir die Kraft und Besonnenheit, in allen Situationen das Passende zu tun und zu sagen. Und falls ich etwas tue, was nicht der Sache dienlich war, dann bitte ich um Harmonie für die Situation und um Verzeihung.

Wie trete ich in Kontakt mit Engeln?

Engel geben uns sehr liebevolle und zarte Hinweise, doch ihre Botschaften und Zeichen sind sehr subtil und werden zu neunundneunzig Prozent überhört und übersehen. Warum? Weil unser Verstand ständig dazwischenfunkt. Es ist also im Grunde genommen sehr leicht, mit Engeln in Verbindung zu treten, aber sehr schwer, seinen Verstand auszuschalten. Unsere Gedanken reden ununterbrochen und diskutieren. Es gibt regelrechte Streitgespräche in einem selbst, die an allem und jedem zweifeln.

Wenn man ständig damit beschäftigt ist, alles Äußere zu bewerten und zu analysieren, ist es nicht möglich, nach innen zu hören.

So aber kann die Stimme der Intuition, oder der Engel, überhaupt nicht zu uns durchdringen. Das ist ungefähr vergleichbar mit einem schüchternen Menschen, der inmitten einer hitzigen Diskussion temperamentvoller Leute versucht, einen wertvollen Tipp zu geben, aber von allen Beteiligten zum Schweigen gebracht wird, weil sie ihn nicht respektieren und wahrnehmen. Sie können ihn auch gar nicht anhören, weil sie zu sehr mit sich selbst beschäftigt sind.

Es stellt also eine große Herausforderung dar, das eigene Gedankenkarussell zum Schweigen zu bringen und einen stillen Raum in sich zu schaffen, in dem die inneren Informationen ungehindert ins Bewusstsein treten können.

In diesen Zeiten tritt es ganz offensichtlich zutage, dass die wirklich wichtigen Antworten nicht im Außen zu finden sind. Die Unzufriedenheit, Frustration, Disharmonie, der Neid, Hass und die Verwirrung – sie alle resultieren daraus, dass die Menschen die Balance zwischen innen und außen nicht finden, zwischen laut und leise, zwischen Anspannung und Entspannung. Die Hektik des Alltags nimmt uns gefangen und führt uns immer weiter weg von uns selbst. Wir vergessen vollkommen, wer wir wirklich sind und was wir wirklich wollen. Wir leben nur noch als Reagierende und nicht mehr als Agierende. Die globale Angst, die geschürt wird durch Berichte im Fernsehen und in den Zeitungen, nimmt uns den Atem und wir haben das Gefühl, wenn wir den Alltag überleben, haben wir wieder ein großes Stück Leistung vollbracht.

Wir hören lieber auf die laute Stimme der äußeren Manipulation, als auf die innere Stimme der Wahrheit.

Die Wahrheit ist für alle Menschen die gleiche: Liebe. In jeglicher Form. Liebe zeigt sich als Respekt, als Verständnis, als Mitgefühl. Liebe hat viele Gesichter und Formen. Liebe sollte man auf allen Ebenen leben: als Mensch, als Partner in einer Beziehung, als Kind seiner Eltern, als Eltern für seine Kinder, als Mitglied einer Gesellschaft. Liebe ist keine Leistung, die man vollbringen muss. Liebe ist frei und leicht. Wir glauben immer, dass etwas nur wirklich real und existent ist, wenn es schwer zu erreichen ist, wenn wir viel Mühe aufgebracht haben, um es zu bekommen, und wir viel geleistet haben auf dem Weg zum Ziel. Das ist ein Irrtum.

Um mit sich und seinem Innersten in Kontakt zu kommen, braucht es die Entscheidung für die Stille. Stille ist kein Stillstand! Stille ist der Raum, in dem alles stattfinden kann. Stille ist voll mit Informationen und schöpferischen Ideen. In der Stille entfaltet sich die Schöpferkraft.

> Stille ist die Schöpferkraft.
> Stille ist die Quelle, aus der Schöpfung
> erst möglich ist.

Diese Stille zuzulassen ist keine Leistung. Im Gegenteil. Es hat mit Loslassen zu tun. Mit dem Loslassen des äußeren Lärms. Loslassen von der Sucht nach Aufregung und Hektik. Loslassen von der Sucht nach Kompensation, Flucht oder Verdrängung. Stille zuzulassen erfordert Mut. Es geht darum, sich ein Herz zu fassen und den Weg zu gehen, den man sich ausgesucht hat – bevor man den menschlichen Körper als Wohnstätte gewählt hat. Mutig ist derjenige, der entscheidet.

*Entscheide dich, in die Stille zu gehen,
dein Innerstes zu befragen, und
du wirst den Reichtum und die Fülle deiner
Schöpferkraft entdecken.*

Es ist nicht wichtig, ob du glaubst, dass dich Engel führen und leiten oder dein Geistführer oder deine Intuition. Begriffe konnten noch nie der innewohnenden Kraft gerecht werden, die aus uns heraus pulsiert und wirken möchte.

Ich persönlich habe mich entschieden, die innere Stimme, die mich führt und leitet, mit Engeln in Verbindung zu bringen. Mein inneres Kind liebt Engel und es fällt mir leichter, sie mir als Person vorzustellen, als wenn ich »nur« eine Stimme höre, ohne ein Bild dazu zu haben. Es fällt mir auch leichter, mich mit den verschiedenen Persönlichkeiten und deren Eigenschaften zu verbinden, wenn ich ihre Namen benutze und sie um etwas bitte.

Jeder Engel symbolisiert verschiedene Aspekte des Lebens, der Entwicklung und der Aufgaben, die es zu lernen gilt.

So trittst du am leichtesten in Kontakt mit den Engeln:

✤ Geh an einen besonders schönen und ruhigen Ort in der Natur oder erschaffe dir eine ruhige Ecke in deiner Wohnung. Natürlich wäre es optimal, wenn du dort die Tür hinter dir schließen könntest, damit keiner dich in deiner »heiligen« Zeit stören kann.

✤ Engel lieben Musik! Such dir eine besonders liebevolle und erhebende Musik aus, die du leise im Hintergrund spielen lässt. Wenn du magst, kannst du auch eine Kerze anzünden oder ein Räucherstäbchen. All diese Details dienen dazu, dich zu entspannen.
(In Kontakt mit Engeln kann man auch in der Fußgängerzone treten.)

✤ Lege dir etwas zum Schreiben zurecht. Die Antworten kann man sich nicht alle auf einmal merken.

✤ Setze dich auf einen bequemen Stuhl und atme ein paarmal tief in den Unterbauch ein und aus. Atme so lange, bis du das Gefühl hast, ruhiger und entspannter zu werden.

✤ Dann stell dir innerlich die Frage, welches Thema heute für dich wichtig ist. Du wirst sehr schnell das Gefühl dafür bekommen, dass die erste Antwort, die hochkommt, genau das Thema ist, das dir heute – vielleicht sogar die nächsten Tage – besonders am Herzen liegt.

❖ Rufe innerlich den Namen des Engels, dessen Energie dir besonders zusagt.

❖ Visualisiere seine starke lichtvolle Kraft im Raum. Fülle deinen ganzen Raum mit Licht und Liebe.

❖ Stelle nun deine Fragen. Bleib ruhig in deiner Atmung und löse dich von all deinen Vorurteilen, wie die Antwort zu sein hat – oder von der Vorstellung, der Engel müsste leibhaftig vor dir erscheinen.

❖ Die Antworten, die in deinem Innersten entstehen, schreibst du auf.

❖ Und auch beim Kontakt mit den Engeln gilt: Geduld, Kontinuität und Üben!

❖ Je öfter du diese Übung machst und sie in deinen Alltag einbindest, desto klarer wirst du die Antworten verstehen.

❖ Die Antworten werden übrigens nicht immer mit deiner eigenen Meinung konform gehen – darauf kann ich dich gleich vorbereiten. Sie werden für dich teilweise auch unlogisch klingen. Ich kann dir nur aus meiner Erfahrung sagen: Immer, wenn ich diesen unlogischen Hinweisen gefolgt bin, haben sich Wunder in Form von Chancen und Begegnungen ereignet. Immer wenn ich die innere Stimme missachtet habe, passierten frustrierende Dinge. Ich verkrampfte und bewirkte genau das Gegenteil von dem, was ich wollte.

✤ Die nachfolgenden Gebete nützen dir nur, wenn du sie nutzt. Nur das aktive Beschäftigen mit ihnen wird dir als Unterstützung dienen. Du kannst dir ganz intuitiv ein Gebet aussuchen und dieses laut oder leise lesen – oder dich mit dem Aspekt deines Lieblingsengels über einen längeren Zeitraum verbinden.

✤ Wiederhole jedes Gebet drei Mal. Warum drei Mal? Nun, beim ersten Mal neigen wird dazu, einfach drüberzuhuschen, beim zweiten Mal verstehen wir die Kombination der Wörter schon besser, doch erst nach dem dritten Mal senkt sich die Information ins Bewusstsein. Auch hier gilt: Übung macht den Meister. Durch ständiges Wiederholen fallen einem viele Dinge leichter. Und die Leichtigkeit bringt Freude und Erfolg ins Leben!

✤ Probiere es aus! Nimm dir vor, wenigstens drei Wochen lang in ständiger Kommunikation mit den Engeln zu sein, alles zu notieren, was du an inneren Impulsen und Hinweisen bekommst. Die Begegnungen und »Zufälle« bewusst wahrzunehmen – und du wirst erstaunt sein, wie leicht und fließend dein Leben sein wird.

✤ Bleib offen, liebevoll und neugierig! Wie ein Kind …

Engel-Gebete

Achaidiel

Achaidiel hat den Auftrag, uns mit göttlichen Eingebungen zu inspirieren. Er sendet uns Impulse, uns mit Schönheit zu beschäftigen, und öffnet unseren Geist für höhere Ideen. Er hilft uns auch dabei, unsere noch nicht entdeckten Talente und Anlagen ans Licht zu bringen. Seine liebevolle Aufmerksamkeit wacht über die Entfaltung dieser Talente. Ihn können wir darum bitten, die zarten Anfänge der Entwicklung unseres Potenzials zu beschützen.

Achaidiel sendet uns die göttlichen Eingebungen durch Musik, Kunst und die Beschäftigung mit anmutigen Dingen. Das Betrachten oder Hören erhebender Dinge lädt uns sogleich in ein höher schwingendes Energiefeld ein. Unser Geist öffnet sich und unser Körper entspannt.

Wenn wir vollkommen in Harmonie sind mit uns selbst und unseren Gedanken, dann können die lichtvollen Eingebungen viel effektiver aufgenommen werden.

Wir werden durch neue Impulse beflügelt, unsere Begabungen zu erkennen und auszuweiten, sie weiterzuentwickeln und ihnen den Raum zu geben, um optimal zum Segen aller wachsen zu können.

Geliebter Engel Achaidiel

Ich bitte dich darum, mir lichtvolle Impulse
zu senden, auf dass ich mich auf
einer höheren Ebene weiterentwickeln kann.

Schicke mir göttliche Eingebungen,
auf dass ich erkenne,
wie ich mein göttliches Selbst leben kann.

Umhülle mich mit deinen inspirierenden Klängen
und der Schönheit deines Daseins.

Hilf mir, meine wahren Fähigkeiten zu entdecken
und diese zu leben.

Schenke mir unerschütterlichen Glauben
an mich selbst und meine Talente.

Bitte hilf mir dabei, mich für die göttliche Eingebung
zu öffnen und auch auf sie zu hören.

Tiefe Dankbarkeit erfüllt mein Herz,
denn ich weiß, dass du mich
auf dieser Ebene beschützend begleitest.

Ich danke dir für deinen liebevollen Beistand.

So sei es.

Ambriel

Ambriel hilft uns dabei, unser Glück in die eigenen Hände zu nehmen. Wenn wir in unser Herz hineinhören, stellen wir fest, dass darin noch viele nicht gelebte Sehnsüchte schlummern. Unsere wahren Wünsche liegen tief in uns verborgen – und wir sind oft zu zaghaft und zu schüchtern, diese auszudrücken. Diesen Engel kannst du bitten, dir bei der Verwirklichung deiner Wünsche zu helfen. Doch nur du allein weißt, wie du deine Gedanken zu Taten werden lässt. Entfalte dein volles Potenzial! Sammle deine Gedankenkraft und baue an deinem Glück!

> Die sicherste Art, glücklich zu sein, ist, sich mit glückbringenden Dingen zu beschäftigen.

Forme und entscheide dein Leben so, wie es dir wichtig ist. Kümmere dich nicht darum, was andere sagen. Nur du kennst deinen Weg – fang an!

Ambriel hilft uns auch dabei, die ungelösten Fragen, die den Sinn unseres Lebens betreffen, zu beantworten. Vieles, was uns im Laufe der Zeit widerfährt, wirft Rätsel auf. Dieser Engel gibt dir die Kraft, genauer hinzusehen und die richtigen Schlussfolgerungen zu ziehen. Du erkennst, dass du die Kraft und das Licht in dir trägst, die Zeiten der Belastung gut zu bewältigen und hinter dir zu lassen.

Geliebter Engel Ambriel

Bitte gib mir die Kraft, meine Wünsche
zu Taten werden zu lassen.

Bitte hilf mir, meine Gedanken ganz konkret
zu formulieren und meine Energie zu bündeln,
auf dass ich meine Wünsche manifestieren kann.

Mir ist bewusst, dass meine innere Einstellung
meinen Erfolg bestimmt.

Schenke mir das Bewusstsein, wie ich meine
Schöpferkraft Wirklichkeit werden lassen kann.

Unterstütze mich dabei, mein volles Potenzial
zu entfalten.

Bitte erinnere mich immer wieder daran, dass ich
die vollkommene Lichtkraft in mir trage,
um mein Leben nach meinen Wünschen zu gestalten.

Tiefe Dankbarkeit erfüllt mein Herz,
denn ich weiß, dass du mich auf dieser Ebene
beschützend begleitest.

Ich danke dir für deinen liebevollen Beistand.

So sei es.

Anael

Anael ist der Engel der Liebe, ihm wird der Planet Venus zugeordnet. In verschiedenen Überlieferungen wird dieser Engel auch weiblich dargestellt.

Anael wird als Schutzengel für Liebespaare, Hochzeiten und zur Findung des Seelenpartners gerufen. Sein Segen soll eine lange, glückliche und erfüllte Liebesbeziehung schenken. Anaels Botschaft für uns ist, dass auch die kleinen Liebesdienste die Beziehung stärken.

*Wenn wir die Liebe
lebendig halten, hat sie eine Chance,
dauerhaft zu sein.*

Er ist auch ein starker Begleiter, wenn es darum geht, das kollektive Bewusstsein umzuwandeln. Seit es den Menschen gibt, hat er sich auch mit Zerstörung und Krieg seinen Weg gebahnt. Die damit verbundene Angst steckt tief in unserem Zellbewusstsein – auch wenn wir in diesem Leben nicht davon betroffen sind. Das kollektive Gedächtnis ist in jedem von uns aktiv und die gestaute Aggression und die offensichtliche Gewalt im Alltag machen uns zu schaffen. Diese Muster von Angst, Hilflosigkeit und Verzweiflung können in uns immer noch Phobien und unerklärliche Sorgen auslösen.

Im kollektiven Unbewussten sind auch viele Triebe und Leidenschaften verankert, die unsere Energie in die zerstörerische Richtung lenken können. Wahrer Frieden kann nicht erreicht werden, wenn in unserem Inneren noch Intoleranz, Hochmut, Respektlosigkeit, Neid und andere Charakterschwächen wirksam sind.

Anael trägt das Feuer der Umwandlung mit sich. Das irdische Feuer und auch das kosmische Feuer unterstehen seinem Befehl. Die Kundalinienergie aus der tantrischen Tradition, die die Wirbelsäule hochsteigt, ist auch ein Aspekt seines Feuers.

Er begleitet uns durch die Feuertaufe und verzehrt alles, was nicht den göttlichen Gesetzen entspricht. Sein Wirken ist die ausgleichende Gerechtigkeit und die Umwandlung destruktiver Energie in konstruktive Energie. Er zeigt dir auf, wie sehr du noch vom kollektiven Bewusstsein beeinflusst bist, und erlöst dich davon.

Geliebter Engel Anael

Bitte lass deine Feuerenergie durch
meine Zellen wandern und auf ihrem Weg
alles verzehren, was meiner
seelischen Entwicklung im Wege steht.

Bitte erlöse mich von der Beeinflussung
des kollektiven Angstbewusstseins
und lenke meine freigewordene Kraft auf
das Göttliche in der Menschheit.

Wandle meine Gedanken vom Mangel
zum Überfluss.

Bitte hilf mir, meinen Weg zu Demut,
Toleranz und Sanftmut zu finden.

Ich nehme die Feuertaufe meiner Seele
voller Dankbarkeit an, weiß ich doch,
dass alles zu meinem Besten geschieht.

Ich umarme meine lichtvolle Umwandlung
zu einem göttlichen Bewusstsein.

Ich entscheide mich nun,
meinen eigenen Weg
voller Entschlossenheit zu gehen.
Mein Herz ist mutig und stark.

Ich bin im Licht
der göttlichen Wahrheit.

Ich bitte dich darum,
die Liebe in meinem Leben zu manifestieren
und mich in meiner Liebesbeziehung
zu führen und zu leiten.

Tiefe Dankbarkeit erfüllt mein Herz,
denn ich weiß, dass du mich
auf dieser Ebene beschützend begleitest.

Ich danke dir
für deinen liebevollen Beistand.

So sei es.

Anthriel

Anthriel kümmert sich um unser seelisches Gleichgewicht. Oft verfallen wir in sorgenvolle Unruhe – meistens, ohne wirklich einen Grund dafür zu haben. Wir verlieren unser inneres Gleichgewicht, fallen aus unserer Mitte und fühlen uns bedrückt. Unerklärliche Ängste kriechen innerlich hoch und fangen an, den Alltag zu bestimmen. Bevor wir vollkommen den Boden unter den Füßen verlieren, hilft uns Anthriel dabei, diese selbsterschaffenen Gedankenketten zu erkennen und zu beenden.

Diese ganzen Zweifel und Ängste können nur auf fruchtbaren Boden fallen, wenn wir den inneren Halt verloren haben.

Das kann viele Ursachen haben. Die innere Ebene kann durch eine Enttäuschung erschüttert worden sein oder es kam plötzlich von außen eine Herausforderung auf uns zu, die wir noch nicht ganz einordnen konnten. Existenzängste, die Angst vor dem ungewissen Ausgang, können panikartige Gefühle verursachen. Das Alte ist im Begriff, sich aufzulösen, und das Neue ist noch nicht da.

*Es gibt einen Weg aus der Unterdrückung –
der Anfang liegt in
der Befreiung unseres Selbst.*

Anthriel lädt uns ein, die eigene, kraftvolle Mitte wiederzufinden und eine harmonische Balance zu halten. Aus der inneren Kraft und Stärke heraus gesehen, verlieren alle Ängste ihre Grundlage und bisherige Wichtigkeit.

Auch die Lasten, die wir uns, teilweise freiwillig, aufbürden, lassen uns die Freude am Leben vergessen. Dieser Engel erinnert uns daran, dass der Spaß, die Freude und auch die Ablenkung durchaus eine wichtige Berechtigung in unserem Leben haben. Wenn wir wieder in unserer Mitte verankert sind, dann strahlt diese Ausgeglichenheit auf das Umfeld und unsere Mitmenschen aus.

Anthriel unterstützt uns auch dabei, unserem Partner sagen zu können, was uns bewegt und was uns nicht gefällt. Durch die klare innere Haltung wird der Lösung eine sichere Basis gegeben. Die ehrliche, liebevolle Kommunikation kann in einer Liebesbeziehung viel klären und aufgestaute Gefühle auflösen – ein gemeinsamer Weg kann nun voller Freude beschritten werden.

Geliebter Engel Anthriel

Bitte schenke mir die Kraft,
mein Leben neu zu beginnen.

Bitte neutralisiere meine Ängste und Sorgen.

Bitte hilf mir zu unterscheiden,
was tatsächlich in meinem Leben geschieht
und was ich mir aus meinen
sorgenvollen Gedanken heraus selbst erschaffe.

Bitte hilf mir, meine vergangenen Enttäuschungen
vollkommen loszulassen.

Bitte hilf mir, allen Beteiligten zu verzeihen,
auf dass ich kraftvoll
meinen eigenen Weg beschreiten kann.

Zeige mir den erlösenden Ausweg
aus der Unterdrückung.

Bitte hilf mir, Gefühle der Harmonie
zu entwickeln.

Bitte hilf mir, mein seelisches Gleichgewicht
wiederzufinden.

Bitte schenke mir die Fähigkeit,
immer wieder zügig in meine Mitte
zurückfinden zu können.

Lass mich die Freude in meinem Leben
wieder spüren.

Bitte schenke mir die Begeisterung,
mit der ich in die Glückseeligkeit
eintauchen kann.

Ich verbinde mich mit
meiner überfließenden Lebensfreude
und habe Spaß am Leben.

Tiefe Dankbarkeit erfüllt mein Herz,
denn ich weiß, dass du mich auf dieser Ebene
beschützend begleitest.

Ich danke dir für
deinen liebevollen Beistand.

So sei es.

Ariel

Ariel wird in der Tradition als »Löwe oder Löwin Gottes« bezeichnet. Einige Schriften beschreiben ihn als männlich, andere wiederum als weiblich. Ariel ist wie ein liebevoller Freund. Seine Aufgabe ist es, die Unschuld zu schützen und uns bewusst zu machen, dass es nichts bringt, sich schuldig zu fühlen oder ständig zu glauben, Schuld auf sich geladen zu haben. Sein Wirken zeigt uns, dass die einzige Art und Weise, Schuld aufzulösen, die Vergebung ist.

Wenn wir uns und den anderen vergeben, dann ist dies die wahre Befreiung.

Erst durch die Vergebung kann es eine Veränderung geben. Wir sollten uns gegenüber nicht so streng, sondern nachsichtig und tolerant sein. Seine Sanftheit stimmt uns milde gegenüber unseren Schattenseiten. Als Menschen haben wir die unterschiedlichsten Gefühle zur Verfügung, um uns auszudrücken. Auch Wut, Hass, Aggression, Neid sind wichtige Anteile von uns. Nur die bewusste Betrachtung dieser Gefühle lässt uns unsere Persönlichkeit in ihrer Ganzheit akzeptieren.

Aus Nachsicht und Toleranz erwächst eine liebevolle Großzügigkeit, die uns befähigt, durch Verzeihen und Vergeben Ordnung in unser emotionales Chaos zu bringen. Wir befinden uns im Lernprozess. Bei all unseren Entwicklungen steht uns dieser Engel liebevoll zur Seite.

Seine Energie ist wie eine frische Brise,
die die Tränen des Kummers trocknet
und uns wieder neue Lebenslust verleiht.

Seine Botschaft ist, unseren inneren Schatz zu enthüllen. In uns ist so viel mehr, was sich ausdrücken will. Ariel hilft uns, dieses Potenzial zu entfalten.

Außerdem ist Ariel zuständig für die Wesen des Wassers, die Nymphen, Elfen und Wassermänner. Sein Wirkungsbereich ist die Reinigung und Heilung der Natur, insbesondere der Gewässer, und auch der Tierschutz.
Wenn du dich also sehr im Umweltschutz engagierst und dir der Erhalt der Natur ein Herzensanliegen ist, dann kannst du Ariel um Beistand bitten.

Geliebter Engel Ariel

Bitte umgib mich mit deiner Leichtigkeit
und Liebe.

Bitte hilf mir, mich von dem Konzept
der Schuld zu befreien.

Schenke mir die Kraft, meinen Mitmenschen
zu vergeben und meine Verletzungen zu heilen.

Lass mich wieder den Zustand
der reinen Unschuld spüren, wie ich ihn
als Kind hatte.

Schenke mir mein Lachen, meine Freude
und meine Lebenslust.

Lass mich wieder frei atmen.

Enthülle mir meine noch verborgenen Schätze
und lass mich mein Potenzial erkennen.

Bitte verbinde meine Gefühle mit meiner Vernunft,
auf dass ich fähig bin, eine Welt des Friedens
und des Glücks zu erschaffen.

Bitte öffne meine
geistige Wahrnehmung,
auf dass sich mir neue Möglichkeiten
des Wachstums erschließen.

Ich bitte auch darum, dass alle Lebewesen
und die Natur geheilt und gereinigt werden,
damit unsere Mutter Erde wieder
zu ihrem strahlenden Wesen erwacht.

Tiefe Dankbarkeit erfüllt mein Herz,
denn ich weiß, dass du mich auf dieser Ebene
beschützend begleitest.

Ich danke dir für
deinen liebevollen Beistand.

So sei es.

Camael

Camael ist der Engel, der mit uns den schmalen Grat zwischen Licht und Schatten betritt. Sein Wirken kündigt einen wichtigen Umwandlungsprozess an. Er kehrt unsere dunklen Seiten nach außen, zeigt uns das, was wir lieber im Dunkeln gelassen hätten. Die Phase unseres Lebens, in der er uns beschützt und begleitet, wird auch »die dunkle Nacht der Seele« genannt. Es kommen alte Wut, uralte Enttäuschungen, tiefer Schmerz oder Urängste hoch. Es kann sein, dass man in solchen Zeiten auch sehr stark kollektive Ängste und Ereignisse spürt und mit auslebt. Alles, was wir bisher in diesem oder vergangenem Leben an Grausamkeiten uns selbst und anderen angetan haben, wird uns klar vor Augen geführt. Wir sind auch Täter gewesen. Dies anzunehmen erfordert einen hohen Bewusstseinsgrad und Mut.

Camael fordert uns auf, uns eine Weile von der äußeren Welt zurückzuziehen und nach innen zu schauen.

Dies ist notwendig, um uns seelisch zu reinigen, immer lichtvoller zu werden und dem Göttlichen zuzustreben.

Camael können wir bitten, uns in der Zeit der Umstrukturierung beizustehen, damit wir die Schattenseiten betrachten, verarbeiten, loslassen und in Licht umwandeln können.

Unsere dunklen Wesensanteile werden uns vorgeführt, wir erkennen, dass wir das Spiel von Macht, Grausamkeit und Zerstörung genauso gespielt haben wie alle anderen auch und dass es an uns ist, die dunklen Seiten ins Licht zu führen. Er fordert uns auch auf, auf der materiellen Ebene aufzuräumen – unnütze Dinge, die sich im Keller, Dachboden oder in den Schränken befinden –, loszulassen, um Platz für Neues zu schaffen.

Alles strebt nach Vollkommenheit.

Wir erreichen erst dann die nächste Entwicklungsstufe, wenn wir Altes abschließen, das Neue in unser Leben einladen und ein Gleichgewicht geschaffen haben zwischen Licht und Schatten. Camaels Aufforderung ist es, sich diese Zeitqualität genau anzusehen und die Erneuerung zu begrüßen.

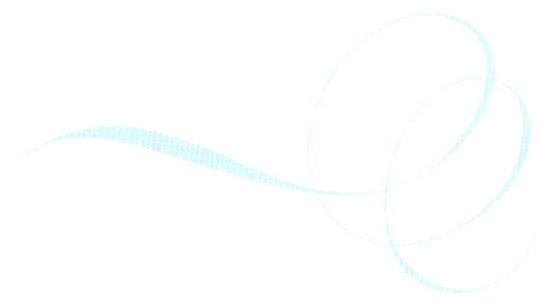

Geliebter Engel Camael

Bitte schenke mir liebevolle Achtsamkeit
mir selbst und meinen Mitmenschen gegenüber.
Öffne mein Herz
für ein harmonisches Miteinander.

Bitte hilf mir, all meine Handlungen
zu betrachten, und gib mir die Kraft,
die Gefühle von Scham, Schuld und Ohnmacht
zu bewältigen.

Ich nehme die Tatsache an,
dass ich genauso Täter
wie Opfer bin, und entscheide mich,
aus diesem Kreislauf auszutreten.

Bitte hilf mir, all meine Schattenseiten
und lichtvollen Seiten zu lieben,
denn sie machen mich
zu einer vollkommenen Persönlichkeit.

Bitte gib mir die Befähigung, zu jeder Zeit
achtsam und liebevoll mit meinen Worten,
Taten und Gedanken zu sein.

Beschütze mich zu jeder Zeit,
damit ich mein inneres und äußeres Gleichgewicht
wahren kann.

Steh mir bei in den Zeiten der Umwandlung,
auf dass ich mich immer im Lichte
des Göttlichen befinde.

Tiefe Dankbarkeit erfüllt mein Herz,
denn ich weiß, dass du mich
auf dieser Ebene beschützend begleitest.

Ich danke dir
für deinen liebevollen Beistand.

So sei es.

Chamuel

Chamuel ist ein wahrer Herzensengel! Er öffnet unsere Herzenstüre und befreit aufgestaute Gefühle, bringt sie ins Licht und unterstützt uns dabei, diese Empfindungen liebevoll zu betrachten und zu bearbeiten.

Das Einzige, was wichtig ist, ist unsere Verbindung zu unserer Herzenergie – diese soll frei fließen und Segen bringen für alle Lebewesen der Schöpfung.

In bestimmten Phasen unseres Lebens kann sich eine Traurigkeit und Schwere auf unser Herz senken. Die Erinnerung an einen tiefen Schmerz oder an eine Enttäuschung kann unsere Herzenergie blockieren. Wir verschließen uns dann, um uns vor weiterer Verletzung zu schützen und um den Schmerz nicht mehr zu spüren. Unbewusst verdrängen wir dann unsere Gefühle und erlauben ihnen nicht, sich auszudrücken. Die Konsequenz daraus ist, dass wir keinen Zugang mehr zu unserer Herzenergie haben und auch kaum Mitgefühl für unsere Mitmenschen entwickeln können. Diese Trennung ist schmerzhaft und bildet die Grundlage für weitere Missverständnisse und Verletzungen. Um über diese Schwelle treten zu können, unterstützt uns Chamuel mit seiner liebevollen Energie.

*Mitgefühl bildet die Basis
für das Gefühl der Verbundenheit
mit allem, was ist.*

Wer Mitgefühl entwickelt, kann keinen Neid, Selbstsucht, Missgunst oder Eifersucht mehr empfinden. Wahrhaftige Anteilnahme erlöst uns von destruktiven Gefühlen und Gedanken.

Chamuel hilft uns, unsere Selbstliebe wieder zu entdecken, und unterstützt uns in allen Herzensangelegenheiten. Wenn wir unseren Selbstwert stärken, können wir liebevoller auf unsere Umgebung zugehen und sind wieder offen für die Schönheit der Welt. Wenn wir unsere eigene Schönheit als tiefe Wahrheit anerkennen können, dann fließt Harmonie in alle Ebenen hinein. Chamuel ist auch der Engel aller Liebenden. Bei Liebeskummer tröstet er uns. Wir können ihn bitten, Liebe und Harmonie in unserem Herzen zu verankern.

Geliebter Erzengel Chamuel

Bitte öffne meine Herzenstüre.

Hilf mir, alle negativen Gefühle,
die ich im Laufe der Zeit angesammelt habe,
zu erlösen.

Befreie meine Traurigkeit, meine Verwirrung
oder meine Wut und zeige mir,
was diese Gefühle mir sagen wollen.

Hilf mir, in Verbindung zu gehen
mit meiner Herzenskraft.

Zeige mir den Weg des Mitgefühls,
auf dass ich mich wieder
mit meinen Mitmenschen verbinde.

Schenke mir den liebevollen Blick,
mit dem ich nun mich selbst
und alles um mich herum betrachte.

Lass Harmonie in meinen Gedanken,
Worten und Taten sein.
Verbinde mich mit der Schönheit der Schöpfung,
deren Teil ich bin.

Ich bin bereit, meine Herzenstüre
für die Liebe zu öffnen,
und gehe voller Herzlichkeit
auf meine Mitmenschen zu.

Umarme mich mit deiner Herzenswärme
und zeige mir den Weg zu gelebter Liebe.

Tiefe Dankbarkeit erfüllt mein Herz,
denn ich weiß, dass du mich auf dieser Ebene
beschützend begleitest.

Ich danke dir
für deinen liebevollen Beistand.

So sei es.

Darel

Darels Energie ist da wirksam, wo wir unsere Hoffnung und den Glauben verloren haben. Er hilft uns, schwerwiegende Enttäuschungen zu verarbeiten, loszulassen und uns wieder dem Licht zuzuwenden. Es gibt für alles eine Lösung – auch wenn wir denken, es gäbe keine. Wenn wir meinen, Fehler begangen zu haben, so unterstützt er uns dabei, diese vermeintlichen Fehlentscheidungen nicht mehr zu wiederholen.

*In allem ist eine
wertvolle Erfahrung verborgen.*

»Zurück zur Liebe, zurück zum Licht« lautet seine Botschaft. Baue in dir selbst ein starkes Liebesgefühl auf und sende es nach außen in dein Umfeld. Warte nicht darauf, bis dir jemand von außen das gibt, was du brauchst. Sobald du diese Liebe wieder in dir spürst, wirst du dich von Rücksichtslosigkeit fernhalten. Deine Lebenszeit ist zu kostbar, um dich in einer Umgebung aufzuhalten, in der du keine Liebe und Anerkennung spürst.
Darel unterstützt dich dabei, die Bestimmung deines Lebens zu finden. Mit seiner Hilfe wirst du das tiefe Wissen um das Licht und die Liebe in dir manifestieren können.

Geliebter Engel Darel

Bitte zeig mir den Weg ins Licht und
halte mich auf meinem Weg, auf dass ich immer weiß,
welche Schritte zu gehen sind.

Bitte umarme mich mit deiner liebevollen Energie
und lass in mir den Glauben
und die Hoffnung wieder wachsen.

Bitte gib mir die innere Sicherheit, dass meine
Handlungen zu einem wertvollen Ergebnis führen.

Lass in mir die Gewissheit erwachen,
dass der Sinn meines Lebens
sich zur gegebenen Zeit offenbart.

Bitte zeige mir den Weg zurück zur Liebe,
auf dass ich wieder Vertrauen fassen kann.

Ich weiß, dass alles zu meinem Besten geschieht.

Tiefe Dankbarkeit erfüllt mein Herz,
denn ich weiß, dass du mich auf dieser Ebene
beschützend begleitest.

Ich danke dir für deinen liebevollen Beistand.

So sei es.

Fortuna

Als Engel des Glücks bringt Fortuna den Segen des inneren und äußeren Reichtums.

Dieser Engel fordert uns auf, die Glücksfähigkeit in unserem Inneren zu suchen. Die vielen »kleinen« Momente des Lebens verbinden uns mit der Glückseligkeit. Wir sind bereits reich. In uns liegen wahre Schätze verborgen, zu denen wir wieder Zugang finden sollten. Unsere charakterlichen Eigenschaften, unsere Fähigkeiten und Begabungen – das sind alles Kostbarkeiten, denen wir unsere Aufmerksamkeit schenken sollten. Fortuna hilft uns dabei, die inneren Räume zu erweitern, um unsere Berufung wahrzunehmen. Wenn wir beginnen, uns reich zu fühlen, dann kann sich die Fülle auch im Außen manifestieren.

Der wahrhaftige Reichtum liegt in der Liebe begründet. In der Liebe zu uns selbst und auch zu unseren Mitmenschen. Es gibt keine höhere Schwingung als die Liebe. Sei dir deiner Gedanken, Worte und Taten immer bewusst und spreche nur mit der Absicht, die Energie der Liebe zu vermehren.

Glücklich zu sein
ist eine Entscheidung.

Um sich mit der Energie des Glücks zu verbinden und um die eigene Ausstrahlung zu erhöhen, gibt dieser Engel dir den Impuls, dich an bereits erlebte Glücksmomente in deinem Leben zu erinnern. Wie bei allen Dingen im Leben ist es zunächst wichtig, den Ursprung bei sich selbst zu finden.

Finde einige deiner Glücksmomente deines bisherigen Lebens, schreibe sie auf und erinnere dich an sie. Spüre, wie dich das schöne Gefühl von damals jetzt wieder überflutet. Allein die Erinnerung an bereits erlebte Glücksmomente lässt uns wieder glücklich sein. Wir lächeln, sind beseelt und entspannt.
Wenn das Gefühl des Glücks uns erfüllt, dann spürt Fortuna, dass sie willkommen ist.

Sie beschenkt uns reichlich mit weiterem Glück, denn Gleiches zieht Gleiches an.
Sie können wir darum bitten, das innere Glücksgefühl außen sichtbar werden zu lassen. Im Materiellen ebenso wie durch glückliche Fügungen oder sich plötzlich ergebende Chancen. Fortuna liebt es, uns mit ihrem Füllhorn zu überschütten!

Geliebter Engel Fortuna

Ich bitte dich, umarme mich
mit deiner liebevollen Präsenz.

Lass mich die Leichtigkeit des Glückes
tief in mir spüren.

Zeige mir, wie ich mein Leben
in Zukunft glücklicher gestalten kann.

Öffne mein Herz auf allen Ebenen,
auf dass ich die Glücksmomente
meines Lebens wahrnehmen kann.

Bitte zeig mir den Weg, wie ich mein Umfeld
mit meiner Lebensaufgabe glücklich machen kann.

Ich erlaube mir, das Glück meines Lebens
auf allen Ebenen zu umarmen.

Ich danke dir, dass sich mein innerer Reichtum
im Außen manifestiert.

Gib mir bitte deutliche Hinweise,
wenn sich Chancen und Möglichkeiten
in meinem Leben auftun,
auf dass ich sie ergreifen kann.

Ich sehe in allem deine Schöpferkraft
und nehme den überfließenden Reichtum
in meinem Leben wahr.

Begleite mich auf all meinen Wegen
und segne auch meine geliebten Menschen
mit deinem Glück.

Ich fühle mich gesegnet.

Tiefe Dankbarkeit erfüllt mein Herz,
denn ich weiß, dass du mich
auf dieser Ebene beschützend begleitest.

Ich danke dir
für deinen liebevollen Beistand.

So sei es.

Gabriel

Erzengel Gabriel symbolisiert das Reine, Klare. Er unterstützt uns dabei, unsere Gefühle zu sortieren und unsere Gedanken zu ordnen. Wenn wir Gabriel in den tiefsten, dunkelsten Stunden unserer Seele anrufen, in Zeiten der Not und Verwirrung, dann erfüllt er unser Innerstes mit Ruhe und Gelassenheit. In Ruhe lassen sich die Dinge besser betrachten.

Bei Gabriel geht es um Klarheit und Reinigung auf allen Ebenen – so unterstützt er auch die Klärung zwischenmenschlicher Beziehungen. Wichtige Themen sind Aussprache, Vergeben und Verzeihen.

Wenn wir die vergangenen Verletzungen bewusst betrachten und den hilfreichen »Mitspielern« in unserem Lebensspiel verzeihen, können wir leichten Schrittes in die Zukunft gehen.

Sie haben uns in diesem Geschehen gedient, so wie wir ihnen gedient haben. Wenn uns klar wird, dass es keine »Opfer« und »Täter« gibt, sondern eine Abfolge von Ursache und Wirkung, von Aktion und Reaktion, können wir uns über das Geschehene erheben und daraus eine kostbare Erkenntnis gewinnen. Selbst wenn die Menschen, die uns die Verletzungen zugefügt haben, nicht mehr leben, können und sollen wir uns mit ihnen versöhnen. Denn sie haben ein bestimmtes Lebensprinzip verkörpert, mit dem wir uns auseinandersetzen sollten.

Sobald dieses Prinzip bewusst ist, kann die nächste Bewusstseinsstufe erreicht werden.

Gabriel fordert uns auf, ehrlich zu uns selbst zu sein. Er unterstützt uns dabei, auch unser Verhalten klar und deutlich zu sehen. Wenn wir ehrlich zu uns selbst sind, dann wird uns bewusst, dass wir in verschiedenen Situationen auch Menschen verletzt und gedemütigt haben. Der nächste Schritt wäre also, sich selbst auch zu verzeihen, um vollkommene Klarheit zu schaffen und die Bewältigung dieser Lernaufgabe erfolgreich abzuschließen. Gabriel bringt uns über die Versöhnung die Liebe zu uns selbst zurück.

Wer sich bewusst ist, was er ist, kann zu höherer Erkenntnis gelangen.

Geliebter Erzengel Gabriel

Bitte umhülle mich mit deiner liebevollen Gegenwart
und sende mir Ruhe und Gelassenheit.

Bitte bring Klarheit in meine Gedanken
und Gefühle.

Lass mich die Wahrheit
hinter den äußeren Erscheinungen erkennen.

Zeige mir, was ich durch meine Worte,
Taten und Gedanken bewirkt habe,
und gib mir die Kraft, die Verantwortung
dafür zu übernehmen.

Verhilf mir dazu, von Herzen verzeihen
und vergeben zu können.

Ich bitte um Reinigung meiner Gefühle
und um Reinigung des Geschehenen.

Umarme mich und hilf mir,
mich selbst zu lieben.

Auf der Seelenebene weiß ich, dass alles dazu dient,
dass ich mich weiterentwickle.

Gib mir die Kraft, mir selbst zu verzeihen.

Leite mich ins Licht und reinige mich
von Vergangenem.

Gib mir die Fähigkeit, mich wieder liebevoll
mit meinen Mitmenschen zu verbinden.

Tiefe Dankbarkeit erfüllt mein Herz,
denn ich weiß, dass du mich auf dieser Ebene
beschützend begleitest.

Ich danke dir
für deinen liebevollen Beistand.

So sei es.

Habuhiah

Habuhiah ist der Engel, der uns in Einklang mit dem göttlichen Plan bringt. In der Tradition ist seine Bedeutung »Gott, der mit Großzügigkeit verteilt«. Wenn wir uns auf ihn einlassen, dann wird überfließende Fülle unser Dank sein. Er ist auch der Engel der Natur, der Landwirtschaft und dadurch für das Gedeihen, die Fruchtbarkeit und das Wachstum zuständig.

Seine Aufgabe ist es auch, unser Verlangen zu harmonisieren. Oft sehnt man sich nach etwas Bestimmtem und verliert sich fast in einem zwanghaften Wollen. Die Diskrepanz zwischen Gefühlen und Vorstellungen ist dann fast unüberwindlich. In so einem Zustand ist es hilfreich, Habuhiah zu bitten, die Ebenen auszugleichen, um das Leben nicht auf eine emotionale Zerreißprobe zu stellen.

> Er gibt uns die Kraft, die Kluft
> zwischen dem, was ist,
> und zwischen dem, was sein soll,
> zu schließen.

Um mit Habuhiah in Kontakt zu kommen, ist es am besten, in die Natur zu gehen, auf einen Berg oder Hügel zu steigen und in die Weite zu blicken. Durch den Weitblick wird es uns möglich, die verschiedenen Ebenen unseres Seins wieder zu harmonisieren.

Geliebter Engel Habuhiah

Bitte gib mir die Fähigkeit zu entscheiden,
was tatsächlich wichtig
für meine seelische Entwicklung ist.

Bitte bring ein Gleichgewicht
in mein Verlangen, auf dass
ich es bewusst betrachten und loslassen kann.

Schenke mir eine lebensbejahende Einstellung.

Unterstütze mich dabei, die Einheit
zwischen meinen Vorstellungen
und meinen Handlungen wiederherzustellen.

Bitte stärke meine Verbindung zur Natur,
denn ich weiß, sie gibt mir das Geschenk der Fülle.

Bitte gib mir den Weitblick, auf jeder Ebene Liebe
und Harmonie leben zu können.

Tiefe Dankbarkeit erfüllt mein Herz,
denn ich weiß, dass du mich auf dieser Ebene
beschützend begleitest.

Ich danke dir für deinen liebevollen Beistand.

So sei es.

Haniel

Erzengel Haniel wird in der Tradition »Herrlichkeit Gottes« genannt. Seine Botschaft ist es, uns unsere eigene Größe erkennen zu lassen. Wir sollen unser Licht nicht unter den Scheffel stellen, sondern Selbstvertrauen aufbauen und unsere eigene »Herrlichkeit« der Welt zeigen.

Haniel hilft uns, wenn wir enttäuscht oder verzweifelt sind. Er zeigt uns, dass alles eine Illusion ist und nur verschiedene Facetten widerspiegelt, die in uns liegen.

Im Grunde gibt es nur Vollkommenheit.

Um diese anzuerkennen, braucht es einen hohen Grad an Bewusstheit. Haniel lädt uns ein, die bremsende Energie und die Blockaden in Bezug auf unsere Talente und Begabungen zu lösen, und gibt uns den Glauben an uns und unsere Fähigkeiten wieder zurück. Es nützt niemandem, wenn du dich klein und ungeliebt fühlst, damit schwächst du dich nur selbst.

Da wir unser Erleben mit unseren Gedanken und Gefühlen erschaffen, ist Haniel zur Stelle, wenn wir Impulse brauchen, um zu verstehen, was vor sich geht. Er zeigt uns, wie wir unsere gedanklichen Gewohnheiten verändern können, wenn es uns notwendig erscheint.

*Jede große Idee braucht
einen unerschütterlichen Glauben
an ihre Umsetzung.*

Und einen ebenso unerschütterlichen Glauben daran, dass du es schaffen wirst. Haniel schenkt dir die Kraft weiterzumachen und die Gewissheit, dass sich auf dem Weg immer wieder neue Türen öffnen und neue Gelegenheiten bieten. Oft ist eine Art Pioniertätigkeit angesagt, um Erneuerungen zu bewirken. Sei offen und bereit, deine Kraft aus der Mitte heraus zu bündeln und diesen neuen Weg zu beschreiten. Manche Situationen verlangen beherztes Handeln, vertraue darauf, dass du genügend Fähigkeiten besitzt, die Dinge zu meistern. Sich auf der Basis des Vertrauens und der Gelassenheit zurücklehnen zu können, sich die eigene Kreation zu betrachten, Illusionen zu erkennen, die neuen Erkenntnisse im Alltag umsetzen zu können – dies alles sind Fähigkeiten, die Haniel in uns stärkt und unterstützt.

Geliebter Erzengel Haniel

Bitte hilf mir, den heiligen inneren Raum
der Stille zu betreten.

Schenke mir die Gelassenheit und
den inneren Frieden, die äußere Welt
als Illusion zu erkennen.

Bitte gib mir Selbstvertrauen und Selbstsicherheit,
mit den Herausforderungen
des Lebens in Weisheit und Liebe umzugehen.

Bitte unterstütze mich dabei,
meine wahre Größe anzuerkennen und zu leben.

Ich erkenne meine Talente und Begabungen an.
Ich weiß, dass sie die Basis
für meine Lebensaufgabe sind.

Bitte schenke mir den Mut und
die Durchsetzungskraft,
meine Ideen in die Welt zu bringen.

Schenke mir die Fähigkeit,
meine Entscheidungen
voller Selbstvertrauen auszuführen.

Bitte unterstütze mich dabei,
mein neues Bewusstsein
im Alltag umzusetzen
und erfolgreich weiterzuführen.

Tiefe Dankbarkeit erfüllt mein Herz,
denn ich weiß, dass du mich
auf dieser Ebene beschützend begleitest.

Ich danke dir
für deinen liebevollen Beistand.

So sei es.

Haziel

Haziel ist der Engel der Barmherzigkeit. Seine Botschaft ist es, göttliche Liebe zu verbreiten und Mitgefühl in die Herzen der Menschen zu bringen. Er schenkt uns harmonische Beziehungen und lässt Freundschaften wachsen.
Es geht darum, Vertrauen in die Liebe zu gewinnen und die negativen Verzerrungen wie Eifersucht, Hass und Misstrauen zu überwinden. Aus Feindschaft soll Freundschaft werden.

Die aufrichtige Zuneigung zwischen den Menschen kann das Feld der Negativität umwandeln und ins Licht führen.

Wir sollen wieder so werden wie die Kinder, die mit ihrer reinen Liebe alle Menschen, die mit ihnen in Berührung kommen, beglücken.

Haziel mahnt uns auch, unsere Versprechen einzuhalten. Nur wenn wir verlässlich sind und Verantwortung für unsere Handlungen übernehmen, können wir eine Freundschaft halten und aufbauen. Manchmal isolieren wir uns, ohne es zu merken, und leiden darunter. Der unbewusste Grund kann die Angst davor sein, zu lieben oder geliebt zu werden.

Mit Haziels Unterstützung können wir aus dieser selbst gewählten Haltung aussteigen und uns wieder mit unserer Liebesfähigkeit verbinden.

Geliebter Engel Haziel

Bitte lass deine Barmherzigkeit walten.
Schenke mir Mitgefühl mit mir selbst und anderen.

Befreie mich von negativen Erwartungen
und von den Mustern der Angst.

Bitte gib mir die Gabe der Versöhnung.

Schenke mir den Glauben daran,
dass harmonische Beziehungen möglich sind.

Schenke mir den Glauben daran,
dass wahre Freundschaft möglich ist.

Lass mich zurückfinden zu meiner
kindlichen Reinheit und Aufrichtigkeit.

Lass mich wieder offen, liebevoll und
voller Vertrauen auf die Menschen zugehen.

Tiefe Dankbarkeit erfüllt mein Herz,
denn ich weiß, dass du mich
auf dieser Ebene beschützend begleitest.

Ich danke dir für deinen liebevollen Beistand.

So sei es.

Israfel

Israfel ist der Engel der Klänge und der Musik. Er lädt uns ein, die kreativen Schwingungen in uns zu spüren und aufzunehmen. Seine Stimme soll die schönste und berührendste von allen Engeln sein. Sein »Herz gleicht einer Laute«. Seine Botschaft ist es, uns wieder für die Kreativität zu öffnen und unsere Freude an der Schöpfung auszudrücken.

Wir sollen den Klang unseres Herzens
wahrnehmen und dem Gesang
unserer Seele lauschen.

Alles ist Schwingung. Alles hat eine ureigene Frequenz, auf der es sich bewegt. Israfel fordert uns auf, unseren ureigenen Ton zu entdecken und diesen auszudrücken.

Umgib dich ganz bewusst mit schöner Musik, um mit Israfel in Verbindung zu treten. Musik ist Balsam für die Seele. Beobachte, welche Gefühle du bei verschiedenen Musikstücken hast und wie du sie ausdrücken willst. Lass dich von der Schwingung der Begeisterung tragen und beflügeln.

Du kannst sie durch Gesang zum Ausdruck bringen, durch Tanz oder Malerei. Auch das intuitive Schreiben ist ein Teil dieses kreativen Selbstausdrucks. Nimm seinen liebevollen Impuls wahr und lass dein schöpferisches inneres Kind für einige Zeit dein Lebensruder übernehmen.

Geliebter Engel Israfel

Bitte schenke mir den Zugang
zum Klang der Schöpfung.

Erhöhe meine Schwingung und
lass mein Herz vor Freude singen.

Lass Musik in meiner Seele sein und durchdringe
mich mit himmlischen Schwingungen.

Durchwirke jede Faser meines Seins mit herrlicher Musik.

Verbinde mich mit meiner Schöpferkraft.
Inspiriere mich durch deinen Engelsgesang.

Lass Kreativität meine Sprache sein,
mit der ich meine Mitmenschen berühre.

Zeig mir die Melodie meiner Seele,
auf dass ich in Resonanz bin mit meinem höchsten
Selbst und dem Schöpfer aller Wirklichkeit.

Tiefe Dankbarkeit erfüllt mein Herz, denn ich weiß,
dass du mich auf dieser Ebene beschützend begleitest.

Ich danke dir für deinen liebevollen Beistand.

So sei es.

Jophiel

Jophiel bringt uns die Botschaft: »Gott ist meine Wahrheit.« Er begleitet uns in allen Lernprozessen unseres Lebens. Wir lernen durch seine Unterstützung, Schritt für Schritt die uns gestellten Aufgaben auszuführen. Er ist der Engel der Lernenden und auch der Lehrenden. Beide Seiten brauchen die passende Eingebung zur richtigen Zeit, um ihrem Wachstum die richtige Richtung zu geben.

Das Wissen soll mit Liebe weitergegeben werden.

Jophiels liebevolle Präsenz bringt uns engelhafte Geduld bei und die Besonnenheit im Umgang miteinander. Alle gestellten Lernaufgaben lassen sich mit der nötigen Ruhe und Gelassenheit viel eher zum Erfolg führen als mit unnötiger Eile.
Geduld mit uns selbst in der eigenen Persönlichkeitsentwicklung zu haben ist einer der Grundpfeiler, auf den wir unsere Entfaltung gründen.

Wir lernen ununterbrochen. Alles ist Entwicklung.

Das einzig Wichtige ist, dass daraus ein höheres Bewusstsein erwächst – das braucht Zeit und Ausdauer. Wozu also ungeduldig werden? Nur unser Hang zur Bewertung und zum Vergleich bringt uns in Zugzwang. Unser Wachstum unterscheidet sich vollkommen vom Wachstum anderer Menschen – diese Unterscheidungsgabe wird auch von Jophiel gefördert. Wir sollten klar erkennen können, welches unserer Verhaltensmuster uns in unserer Entwicklung nützt oder eher bremst.

Jophiel bringt uns auch bei, dass ein Ausgleich zwischen Geben und Nehmen gewahrt werden soll. Wenn wir zu viel geben, verlieren wir Energie. Wenn wir zu viel nehmen, kann der Überfluss sich hemmend auswirken. Das rechte Maß aller Dinge hält diese im Fluss des Lebens – denn es ist genug für uns alle da.

Sein Auftrag ist es, die universelle Weisheit und Wahrheit in uns zu wecken. Wenn wir uns wieder an die Quelle allen Wissens anschließen, können wir aus dieser Verbindung heraus unsere alltäglichen Herausforderungen leichter bewältigen.

Geliebter Erzengel Jophiel

Bitte hilf mir, zu jeder Zeit Zugang
zu meiner inneren Weisheit zu haben.

Bitte schenke mir Geduld, um mit
meinem Umfeld in Ruhe und
Besonnenheit kommunizieren zu können.

Schenke mir den Zugang zur Quelle allen Wissens,
auf dass ich immer von ihr gespeist werde.

Bitte hilf mir, die Wahrheit
hinter den Dingen zu erkennen.

Schenke mir die Weisheit,
dass ich als Lehrer
auch gleichzeitig Schüler bin.

Bitte hilf mir, mein Wissen in Liebe
weitervermitteln zu können.

Bitte schenke mir die Ausdauer und
innere Festigkeit, meinen eigenen Weg zu gehen.

Schenke mir das Vertrauen in meine Intuition,
auf dass ich mehr und mehr
auf meine innere Stimme höre.

Bitte schenke mir die Bewusstheit,
zu jeder Zeit die wahre Balance zwischen Geben
und Nehmen zu finden.

Tiefe Dankbarkeit erfüllt mein Herz,
denn ich weiß, dass du mich
auf dieser Ebene beschützend begleitest.

Ich danke dir
für deinen liebevollen Beistand.

So sei es.

Kaliel

Kaliel ist der Engel der Gerechtigkeit und Rechtschaffenheit. Seine Aufgabe ist es, Ungerechtigkeiten, Falschheit, Korruption und Intrigen aufzudecken und unschädlich zu machen. Er führt uns zur Ehrlichkeit zurück und erlöst uns aus dem Feld der Negativität.

Seine Bestimmung ist, unsere Unterscheidungsfähigkeit zu schärfen. Seine Botschaft ist die der Integrität und Loyalität. Wenn wir diese Tugenden in uns entwickeln, dann ist die göttliche Wahrheit durch uns wirksam.

Wenn es uns gelingt, unseren Wesenskern rein zu halten, dann erschaffen wir ein starkes Feld der Liebe.

Kaliel unterstützt uns auch dabei, wenn es darum geht, die richtige Entscheidung zu treffen. Durch seine Hilfe können wir positive Eigenschaften entwickeln, um in eine höhere Bewusstseinsebene zu gelangen. In uns entsteht das Gefühl der Würde und des Respekts dem Leben und seinem Schöpfer gegenüber.

Wenn du dich in einer ausweglosen Situation befindest und anfängst, die Hoffnung zu verlieren, dann kannst du Engel Kaliel als »geistige Feuerwehr« herbeirufen.

Absolute Ehrlichkeit sich selbst und anderen gegenüber ist der einzige Weg, das Licht zu erlangen.

Geliebter Engel Kaliel

Bitte schenke mir innere Stärke,
um die Herausforderungen des Lebens anzunehmen.

Bitte hilf mir, die Stricke der Verblendung
zu durchschneiden.

Schenke mir den klaren Blick,
um zu erkennen, was richtig ist.

Bitte hilf mir dabei, ehrlich zu mir selbst zu sein.

Schenke mir die Weisheit,
in jeder Lage richtig zu entscheiden.

Bitte hilf mir, meine Zweifel loszulassen und
meine Gedanken auf das Wahre, Schöne zu richten.

Bitte verankere in meinem Herzen das Wissen
um die göttliche Gerechtigkeit, auf dass ich die Hoffnung
auf Liebe und Frieden leben kann.

Tiefe Dankbarkeit erfüllt mein Herz, denn ich weiß,
dass du mich auf dieser Ebene beschützend begleitest.

Ich danke dir für deinen liebevollen Beistand.

So sei es.

Lauviah

Lauviah bedeutet in der Tradition »der anbetungswürdige Gott«. Dieser Engel öffnet neue Wahrnehmungsräume. Er sendet uns Offenbarungen durch luzide Träume und vermittelt uns die höheren Geheimnisse der Schöpfung. Durch seine Unterstützung können wir unsere telepathische Begabung weiterentwickeln. Uns werden Informationen auf unbewussten Wegen erreichen, die unserem spirituellen Wachstum dienen. Lauviah schließt uns an die transzendentalen Ebenen an.

Lauviah hilft uns auch, die Prüfungen und Lernaufgaben, die uns begegnen, zu verstehen und zu bewältigen. Sein liebevoller Beistand vertreibt unsere Ängste und Sorgen. Ihn können wir um Beistand bitten, wenn wir vor einer wichtigen Sache stehen und vor lauter Nervosität nicht mehr wissen, was zu tun ist. Er nimmt uns unsere Unsicherheit und schenkt uns Selbstvertrauen.

Lauviahs Aufgabe ist es, uns mit unserem intuitiven Verstehen zu verbinden. Durch seine Mithilfe können wir Dinge intuitiv erfassen, ohne sie vorher analysieren zu müssen.
Er weckt unsere Begeisterung für eine Sache und bestärkt unser Vertrauen, dass wir sie verwirklichen können.

Er schenkt uns Ruhe und Geborgenheit bei Einschlafproblemen, Traurigkeit und Schwermut. Seine Energie hilft uns, über Existenzängste hinwegzukommen und in den Zustand der Freude zu gelangen.

Oft ist es nur unser mangelnder Glaube,
der uns selbst
am meisten zu schaffen macht.

Wir können und wollen nicht glauben, dass es einen Zustand ständiger Freude und Erfüllung geben kann, wir halten stur an unserem Gefühl des Außenseiterdaseins fest und merken nicht, dass es genau dieses Klammern an das eigene Unglück ist, das negative Auswirkungen hat. Auch der Mangel an Selbstvertrauen kann im Außen unerwünschte Konsequenzen nach sich ziehen. Wenn wir Lauviah ganz bewusst darum bitten, uns seine Kraft zu schenken, damit wir in den Kontakt mit unserem geistigen Wissen kommen, ist es uns möglich, unser Verhalten zu ändern.

Geliebter Engel Lauviah

Bitte schenke mir Vertrauen in meine Intuition.

Bitte hilf mir dabei, innere Einsichten
zu gewinnen und diese auch zu leben.

Bitte steh mir bei allen Lebensprüfungen bei,
die es zu bestehen gibt.

Sende mir Gelassenheit und ruhiges Auftreten,
auf dass ich einen gefestigten Eindruck mache.

Schenke mir Vertrauen in mich selbst
und meine Begabungen.

Stärke meine intuitiven Fähigkeiten.

Unterstütze mich dabei,
meine Wahrnehmung zu erweitern.

Öffne die Räume des Wissens für mich,
auf dass ich Zugang habe zu den wahren Dingen.

Lass mich die Dinge intuitiv erfassen
und erkennen.

Gib mir Vertrauen in meine Gefühle und
erlöse mich von meinem Hang zum Negativen.

Schenke mir einen ruhigen Schlaf.

Besuche mich im Traum und verleihe mir
tiefere Einsichten
in die Beschaffenheit der Schöpfung.

Offenbare mir, wie mein Weg aussehen mag,
und hilf mir dabei, die für mich
richtigen Entscheidungen zu treffen.

Tiefe Dankbarkeit erfüllt mein Herz,
denn ich weiß, dass du mich
auf dieser Ebene beschützend begleitest.

Ich danke dir
für deinen liebevollen Beistand.

So sei es.

Lehalel

Lehalel ist ein Engel der Schönheit und unterstützt uns dabei, Charisma und Wohlstand zu entwickeln. Er ist mit der Schönheit auf allen Ebenen befasst. Ob wir unser Umfeld ausschmücken oder ob wir unsere Ausstrahlung entwickeln wollen – in all diesen Fällen können wir Lehalel bitten, bei uns zu sein und die lichtvollen, magnetischen Impulse durch uns hindurchfließen zu lassen.

Charisma zu entwickeln bedeutet,
sein Magnetfeld ganz bewusst
zu verstärken und zu erweitern.

Lehalel hilft uns dabei, unsere Leuchtkraft auszubauen, und kann uns sogar den Weg zu Berühmtheit und Reichtum zeigen.

Seine Aufgabe ist es aber auch, uns vor Hochmut zu schützen und uns davor zu bewahren, die Bodenhaftung zu verlieren. Sobald wir anfangen, alles als selbstverständlich zu nehmen und uns durch übermäßigen Ehrgeiz zu sehr auf die Materie zu fixieren, dann spätestens sollten wir ganz bewusst innehalten und unser Verhalten verändern. Sonst kann es passieren, dass wir über unsere Verhältnisse leben.
Glücksbringender wäre es, seinen Charme und die gegebenen Talente dafür einzusetzen, das Licht der Liebe unter die Menschen zu bringen.

Geliebter Engel Lehalel

Bitte hilf mir dabei, die Quelle des Lichts
in mir selbst zu finden.

Sei bei mir, wenn ich in Gefahr laufe,
den Boden unter den Füßen zu verlieren.

Bewahre mich bitte davor, die Geschenke des Lebens
für selbstverständlich zu nehmen.

Erinnere mich daran, dass alles im Leben
eine Leihgabe ist,
mit der ich respektvoll umgehen soll.

Schenke mir den Blick für die Wahrhaftigkeit
und bewahre mich davor,
mich in der Materie zu verlieren.

Bitte gib mir die Fähigkeit, meine Ausstrahlung
und meinen Sinn für Schönheit
zum Wohle aller Lebewesen einzusetzen.

Tiefe Dankbarkeit erfüllt mein Herz, denn ich weiß,
dass du mich auf dieser Ebene beschützend begleitest.

Ich danke dir für deinen liebevollen Beistand.

So sei es.

Metatron

Metatron ist der mächtigste und erhabenste unter den Engeln. Er ist derjenige, der »neben dem Throne Gottes steht« – ein gewaltiger Engelsfürst, der uns die direkte Gotteserfahrung ermöglicht. Er ist der höchste der Engel, der Anfang und das Ende, und er besitzt die größte Macht.

Seine Energie dient uns in unbekannten Situationen als Wegweiser, um neue Gelegenheiten auszuschöpfen. Da er alle Seelen und deren Lebensplan kennt, können wir ihn um Hinweise bitten, uns in unserer Orientierungslosigkeit Klarheit zu verschaffen.

Wenn wir unsere Visionen und Ziele vor Augen haben, ist es wichtig, diese mit aller Kraft, dem stärksten Glauben und der größtmöglichen Begeisterung so lange zu verfolgen, bis sie erreicht sind. Wir können nur von dem träumen, zu dem wir auch fähig sind. Wenn wir innere Bilder eines Zieles erschaffen können, dann ist auch die Fähigkeit in uns angelegt, dieses zu verwirklichen.

Metatron ist der göttlichen Quelle am nächsten und kann uns somit helfen, unseren Schmerz über den Fall aus der Einheit zu heilen. Er zeigt uns den Weg zu unserem ursprünglichen göttlichen Wesen.

Alles ist mit allem verbunden.

Er spendet Trost bei Liebeskummer oder Trennungen von geliebten Menschen.

Seine kraftvolle Energie ermöglicht es uns auch, unsere Wünsche und Visionen zu verwirklichen. Er unterstützt uns dabei, diese sichtbar in die Materie zu bringen. Ihn können wir auch bitten, uns die Richtung zu zeigen, wenn wir an einer Weggabelung unseres Lebens stehen.

Er ist der Hüter des göttlichen Lichts und zeigt uns, wie wir im Licht neu geboren werden – in diesem Leben oder auch beim Übergang von dieser Ebene in die nächste Ebene. Somit ist er zudem der Schutzengel der Sterbenden, denn er trägt die Seelen über die irdische Erfahrung hinaus.

Klarheit, Reinheit, Verbundenheit und die tiefe Erkenntnis, dass alles mit allem in Liebe verbunden ist, das ist seine Botschaft.

Geliebter Engel Metatron

Ich bitte dich aus tiefstem Herzen,
mich mit meiner Quelle
des Göttlichen zu verbinden.

Schenke mir die tiefe Einsicht
der Verbundenheit mit allem, was ist.

Zeige mir meinen Lebensplan und hilf mir,
mit diesem zu jeder Zeit im Einklang zu sein.

Bitte gib mir die Kraft, die richtige Entscheidung
zu treffen, wenn ich an einem Wendepunkt
meines Lebens stehe.

Bitte gib mir die Kraft, den Trennungsschmerz
zu überwinden, der mich von dir
und meinen geliebten Menschen trennt.

Unterstütze mich dabei, meine Wünsche
und Visionen klar zu benennen
und diese in die Welt zu bringen – zum Wohle aller.

Schenke mir Klarheit, auf dass ich zu jeder Zeit
mein Potenzial erkenne und auszudrücken vermag.

Bitte hilf mir dabei,
meine Visionen zu verwirklichen.

Lass mich meine Einzigartigkeit erkennen.

Erhöhe meine Schwingung,
auf dass ich Zugang
zu spirituellem Wissen erlange.

Tiefe Dankbarkeit erfüllt mein Herz,
denn ich weiß, dass du mich
auf dieser Ebene beschützend begleitest.

Ich danke dir
für deinen liebevollen Beistand.

So sei es.

Michael

In der traditionellen Überlieferung bedeutet sein Name »Wer ist wie Gott«. Erzengel Michael ist ein »Krieger des Lichtes«, ein machtvoller, starker Kämpfer für Gerechtigkeit und Wahrhaftigkeit. Er wird mit dem Lichtschwert dargestellt, weil er mit seinen Engelscharen das Dunkle vom Menschen abtrennt und ihn ins Licht führt. Er hilft uns, Abhängigkeiten zu erkennen und zu beenden. Seine Botschaft ist, uns bewusst zu machen, wo, wann und wem wir die Macht über uns selbst abgegeben haben, und diese wieder zurückzuholen. Wenn wir uns in Konflikte verstricken und nur noch Probleme sehen, dann zeigt Michael uns, wie sehr unsere inneren Kämpfe sich im Außen spiegeln. Er fordert uns auf, uns ehrlich zu hinterfragen. Er schüttelt den schlafenden Menschen, damit er endlich erwache und sich nicht mehr in Bequemlichkeit verliert.

Seine Energie bringt Klarheit in die Verhältnisse und löst das Chaos auf, damit wieder innerer und äußerer Frieden herrscht.

Alles Überflüssige soll dem göttlichen Licht und der Wahrheit weichen.

Sein Kampf für das Gute und seine Kraft gelten hauptsächlich dem Thema, dass wir unsere mentale Aktivität ganz klar auf unsere Ziele richten und authentisch und wahrhaftig unseren Weg gehen sollen. Seine Energie ist die Aufstiegsenergie.

Er begleitet uns ins Licht und schneidet mit seinem Lichtschwert auf dem Weg dorthin alles, was uns blockiert oder behindert, durch.

Befreiung aus störenden Strukturen, Flexibilität im Denken, Mut, den eigenen Weg zu gehen, Wahrhaftigkeit zu jeder Zeit zu leben – dies alles sind Eigenschaften, die Michael uns bringt. Seine Energie rüttelt uns wach und fordert uns auf, unsere eigene Wahrheit zu finden, ehrlich zu uns selbst zu sein und jedes Hindernis zu entfernen. Er stärkt uns und schenkt uns den Glauben und das Vertrauen in das Göttliche. Wenn wir vor lauter dunklen Wolken den Himmel nicht mehr sehen, dann macht Michael den Weg wieder frei.

Geliebter Erzengel Michael

Bitte bring Klarheit und Wahrhaftigkeit
in meine Gedanken, Worte und Taten.

Bitte mache den Weg frei für meine Aufgabe
als Lichtarbeiter.

Hilf mir, zu erwachen und
meinen göttlichen Ursprung zu sehen.

Bitte mache mir meine Angewohnheiten bewusst
und befreie mich von denen,
die meine Entwicklung blockieren.

Bitte trenne mit deinem Lichtschwert
alle Fremdenergie von mir ab.

Erlöse mich aus dem Chaos und
schneide alle alten Fesseln durch.

Stärke mein inneres Licht und
schütze mich vor Angriffen.

Bitte vertreibe meine negativen Gedanken
und Glaubensmuster, zeige mir, wie ich mein Licht
leben und in die Welt bringen kann.

Mache mir bewusst,
wo noch Abhängigkeiten herrschen,
und hilf mir, mich davon zu befreien.

Schenke mir deine liebevolle Gegenwart,
auf dass ich die irdischen Bindungen loslassen und
meinen Aufstieg in Freude vollziehen kann.

Tiefe Dankbarkeit erfüllt mein Herz,
denn ich weiß, dass du mich
auf dieser Ebene beschützend begleitest.

Ich danke dir
für deinen liebevollen Beistand.

So sei es.

Mumiah

Mumiah tritt in unser Leben, um das Ende eines Zyklus und den Beginn eines neuen Zeitabschnittes einzuläuten. Seine Botschaft lautet: »Beende, was du angefangen hast.« Seine liebevolle Gegenwart hilft uns, aus der Verzweiflung auszusteigen und von Neuem zu beginnen. In allen Lebensphasen, die mit Rückschlägen einhergehen – sei es eine Kündigung der Arbeitsstelle, die Beendigung einer langjährigen Liebesbeziehung, Trennung von Freunden –, steht Mumiah begleitend zur Seite.

Er hilft uns, die Gefühle der Verneinung, der Selbstverhinderung und der Depression zu bewältigen und in allen diesen Dingen, die sich von uns lösen wollen, den Neubeginn zu sehen. Seine Kraft gilt der Bewusstseinsöffnung. Er zeigt uns auf, dass alles, was uns im Äußeren geschieht, unserer Persönlichkeitsentwicklung dient.

Mumiah fordert uns auf, diese Erfahrungen bewusst zu verarbeiten und einzuordnen – sonst gehen die wertvollen Hinweise verloren und wir dürfen die Erfahrungen so lange wiederholen, bis wir sie gelernt haben. Seine Aufforderung an uns ist, tiefgreifend zu verstehen, was vor sich geht.

*Wir sollen eine bereits gemachte Erfahrung auf allen Ebenen begreifen –
sonst ist sie für unsere
seelische Entwicklung wertlos.*

Ihn können wir darum bitten, wenn es darum geht, etwas ganz Konkretes in die Welt zu bringen, er unterstützt uns dann bei der Materialisierung.

Er ist der Engel, der uns das Verständnis für das Gesetz der Wiedergeburt bringt. Alles, was wir in diesem Leben erfahren haben, tragen wir in das nächste Leben mit hinein. Alles, was wir in diesem Leben nicht beendet haben, dürfen wir im nächsten Leben wieder aufgreifen, um es dort weiterzuleben.

Das Rad der Wiedergeburt dreht sich so lange, bis wir ein tiefes Verständnis unserer Schöpferkraft erlangt haben und nicht mehr von der Polarität angezogen werden, sondern in der reinen Essenz verweilen können.

Geliebter Engel Mumiah

Bitte öffne mein Bewusstsein,
damit ich hinter den Erfahrungen, die ich mache,
den wahren Grund verstehe.

Bitte zeige mir
die größeren Zusammenhänge auf,
auf dass ich diese Erkenntnisse
in mir aufnehmen kann.

Bitte hilf mir dabei, dass ich das,
was ich angefangen habe, auch zu Ende bringe.

Bitte hilf mir, meine Erfahrungen in
die Gemeinschaft einzubringen,
damit etwas Neues entstehen kann.

Bitte zeig mir den Weg
aus der Verzweiflung und Hilflosigkeit,
auf dass meine Gedanken
wieder rein und klar werden.

Bitte gib mir die Kraft,
mich selbst und das Leben zu bejahen.

Lass mich in meinem Herzen
tiefes Verständnis für den Kreislauf
des Lebens entwickeln.

Bitte schenke mir die Weisheit,
in der natürlichen Ordnung zu handeln.

Schenke mir die Offenheit, dem Neubeginn
in liebevoller Gelassenheit zu begegnen.

Tiefe Dankbarkeit erfüllt mein Herz,
denn ich weiß, dass du mich auf dieser Ebene
beschützend begleitest.

Ich danke dir
für deinen liebevollen Beistand.

So sei es.

Nathanael

Nathanael bedeutet in der Tradition: »Er, den Gott uns gibt.« Dieser Engel ist ein Geschenk an den Menschen. Als Engel des Lichts lässt er die Trennung zwischen Geist und Materie verschmelzen. Er fordert dich auf, das göttliche Licht in deinem Leben mehr und mehr zum Ausdruck zu bringen und in den Alltag zu integrieren. Durch seine spirituelle Führungskraft kannst du die Furcht überwinden, die dich befällt, wenn sich in deinem Leben festgefahrene Strukturen aufzulösen beginnen. Seine Gegenwart kündigt eine tiefgreifende spirituelle Erfahrung an. Öffne dich dieser bewusstseinserweiternden Erkenntnis und lass dir von ihm vor Augen führen, dass deine Ängste und Sorgen nur Täuschungen deines Verstandes sind.

Vertraue darauf, dass deine seelische Entwicklung durch deinen inneren Lehrer begleitet wird und dass du allezeit beschützt bist auf deinem spirituellen Weg.

Das Gefühl, haltlos und ausgeliefert zu sein, kommt daher, dass die jetzige Zeitqualität alte Glaubensmuster auflöst und deine Wahrnehmung erweitert wird. Dieses Geschenk der tieferen Einsicht kann dir ganz plötzlich durch eine besondere Erfahrung oder Begegnung gegeben werden. Es kann auch ein langsam fließender Prozess sein, bei dem du das Empfinden hast, dass nichts mehr so ist, wie es einmal war.

Er eröffnet uns neue Möglichkeiten und Wege, zur allumfassenden Weisheit zu gelangen. Nathanael sendet dir seine Unterstützung, dich der göttlichen Führung hinzugeben und darauf zu vertrauen, dass deine neue Wahrnehmung ein weiterer Zugang zu hohem spirituellen Wissen ist.

Nathanael bringt uns die tiefe Wahrheit, dass es keine Trennung zwischen Himmel und Erde gibt, sondern dass wir eine Einheit sind.

Ergreife seine liebevoll gereichten Hände, um seine Botschaft in dein Leben einzulassen. Integriere deine Spiritualität Schritt für Schritt in deinen Alltag und du wirst den wahren Wert des Geschenkes von Nathanael lebendig werden lassen können.

Geliebter Engel Nathanael

Bitte führe mich ins Licht und zeige mir,
wie ich es in meinem täglichen Leben umsetzen kann.

Bitte gib mir die Kraft,
meine alten Glaubensmuster zu überwinden
und deine liebevolle Führung anzunehmen.

Bitte erweitere meine Wahrnehmung,
um mit dem Auge der Einheit zu sehen.

Bitte lass mich zu jeder Zeit erkennen,
was die göttliche Wahrheit ist.

Bitte lass mich zu jeder Zeit erkennen,
wann ich mich von der Illusion einfangen lasse.

Bitte gib mir Vertrauen in
meine innere Führung und leite meine Schritte
in die richtige Richtung.

Bitte gib mir Halt, wenn ich drohe
ins Nichts zu fallen, und fange
mich immer wieder liebevoll auf.

Sende mir das Licht der Erkenntnis
und zeige mir, wie ich meine neue Wirklichkeit
im Hier und Jetzt leben kann.

Löse die Schleier
meiner bisherigen Wahrnehmung
und lass mich die Einheit
von allem, was ist, erfahren.

Ich danke dir für das Geschenk
der spirituellen Einsicht.
Ich empfange deine Liebe auf allen Ebenen.

Tiefe Dankbarkeit erfüllt mein Herz,
denn ich weiß, dass du mich
auf dieser Ebene beschützend begleitest.

Ich danke dir
für deinen liebevollen Beistand.

So sei es.

Nemamiah

Nemamiah wird in der Tradition »Der lobenswerte Gott« genannt. Er unterstützt uns dabei, unsere Intuition zu entwickeln. Der Zugang zur inneren Stimme ist oft durch verstandesmäßige Blockaden versperrt. Im Grunde ist sie immer da und warnt uns oder gibt uns den Impuls, zur richtigen Zeit das Richtige zu tun, doch wir übertönen sie oft und hören nicht auf sie.

*Öffne dich
den feinstofflichen Informationen
und höre auf sie.*

Wenn du die Verbindung zu deiner Intuition stärkst, dann verminderst du die Gefahr, den äußeren Schein mit der wahren Wirklichkeit zu verwechseln.

Nemamiah hilft uns dabei, die Ursache von Problemen aufzudecken. Er befreit uns aus der Gefangenschaft unserer täglichen Routine und gibt uns den Impuls, zur Tat zu schreiten. Es geht bei ihm hauptsächlich darum, die eigene Unentschlossenheit und Unentschiedenheit zu bezwingen und zum Handeln überzugehen. Meinungsverschiedenheiten dürfen sein, aber wenn sie dazu führen, eher ein trennendes Element zu sein, dann herrscht nur Uneinigkeit und Verwirrung. Auch Beziehungsprobleme und zwischenmenschliche Missverständnisse hilft er aufzulösen.

Nemamiah unterstützt unseren Tatendrang und stärkt unsere Entschlossenheit. Um sich nach vorn zu bewegen, braucht es Entscheidungskraft und innere Größe.

*Sein Aspekt schenkt uns
das tiefe Verstehen
unseres Seelenauftrages.*

Sobald wir tief in uns spüren, dass es etwas Größeres zu erreichen gilt als das Anhäufen materieller Privilegien, dann leben wir unser wahres Potenzial. Der innere Drang, die eigene Aufgabe zu erfüllen, bekommt immer mehr Raum und wir wachsen zu unserer wahren Seelengröße heran.

Nemamiah bildet auch unser Unterscheidungsvermögen aus. Es ist wichtig zu wissen, ob man sich in einer Art Nebel befindet und nicht mehr weiß, wo man sich hinwenden soll, oder ob man eine klare Wahrnehmung der Wirklichkeit hat.

Seine Präsenz hilft uns, eine klare Linie aufzuzeigen, um unsere ganze Kraft für die großen Dinge im Leben einsetzen zu können.

Geliebter Engel Nemamiah

Bitte schenke mir den Zugang zu meiner Intuition.

Bitte unterstütze mich dabei, meine innere Stimme
wahrzunehmen und auch auf sie zu hören.

Bitte gib mir Einblick in meine wahre Seelengröße,
auf dass ich meine Wahrnehmung
in Zukunft auf die wesentlichen Dinge lenken kann.

Bitte unterstütze mich dabei,
mein Unterscheidungsvermögen zu schärfen,
auf dass sich der Nebel lichtet und
ich das wahre Wesen
hinter den Dingen verstehen kann.

Bitte hilf mir, meine Entschlussfähigkeit zu stärken,
und gib mir Kraft für meine Entscheidungen.

Schenke mir das Verständnis
für meinen Lebensplan.

Hilf mir, meinen Geist zu bündeln,
um mich für meinen wahren Weg bereit zu machen.

Bitte hilf mir,
mich von meinen Schwächen zu befreien,
und hilf mir,
sie in Stärken umzuwandeln.

Ich danke dir für deine liebevolle Gegenwart.

Tiefe Dankbarkeit erfüllt mein Herz,
denn ich weiß, dass du mich
auf dieser Ebene beschützend begleitest.

Ich danke dir
für deinen liebevollen Beistand.

So sei es.

Omniel

Omniel, Engel der friedvollen Beziehungen, hilft dir, deine Familie zu stärken und verfahrene Situationen zu klären. Seine Gegenwart unterstützt dich dabei, einen tieferen Einblick in die Familienstruktur zu bekommen und dir deine Rolle darin bewusst zu machen. Wenn zu viele unausgesprochene Angelegenheiten unterschwellig brodeln, kann keine dauerhafte Harmonie entstehen. Nimm die Gelegenheit wahr, Dinge, die vielleicht über Jahre unter der Oberfläche gehalten wurden, anzusprechen und zu klären.

Schließe Frieden mit dem, was geschehen ist,
und spüre den Halt,
den dir liebevolle Beziehungen geben können.

Omniel nimmt uns in seine Arme und tröstet uns, wenn es darum geht, Misserfolge zu verarbeiten. Er hilft uns dabei, die Enttäuschung zu bewältigen und hinter uns zu lassen.
Viele Menschen trauen sich nicht, etwas Neues zu beginnen, aus Angst davor, sich lächerlich zu machen oder Fehler zu begehen. Diese Angst sitzt tief und oft hält sie uns so stark gefangen, dass wir gar nicht erst versuchen, mit unseren Ideen nach draußen zu gehen.
Und wenn es dann nicht klappt, fühlen wir uns einmal mehr darin bestätigt, es beim nächsten Mal lieber bleiben zu lassen.

Der Schmerz und die Scham darüber, was die anderen sagen könnten, und die Sorge, doch mehr Konsequenzen davonzutragen, als einem lieb ist, lässt uns im Misserfolg verharren.

Omniel lädt uns ein, die alten Probleme hinter uns zu lassen und wieder Freude zu empfinden. »Nimm es nicht so schwer, schreite mutig voran« ist seine Botschaft. Im Grunde ist es nur unser mangelndes Selbstwertgefühl, das uns daran hindert, mutig das Neue zu wagen.

Jeder Misserfolg birgt eine wertvolle Erfahrung in sich – wenn wir die Enttäuschung hinter uns lassen, können wir unsere Kräfte wieder bündeln und für das Neue einsetzen!

Er erinnert uns daran, mehr Freude und Liebe zu empfinden, um wieder bereit zu sein, beherzt einen neuen Anfang zu wagen. Erlaube dir, Erfolg zu haben!

Geliebter Engel Omniel

Bitte schenke mir Harmonie und Frieden
auf der familiären Ebene.

Gewähre mir den Einblick
in meine Familienstruktur und zeige mir,
wie ich die Gemeinschaft liebevoll stärken kann.

Lass mich die tieferen Zusammenhänge erkennen,
auf dass ich eine friedvolle Beziehung
zu jedem Einzelnen aufbauen kann.

Bitte hilf mir, über meine Enttäuschung
hinwegzukommen.

Bitte gib mir Einblick in das Geschehene
und lehre mich, es zu verstehen.

Lass mich meinen Anteil klar erkennen.

Zeig mir, wie ich die Gefühle von Scham
und Schuld transformieren kann.

Schenke mir die Kraft,
weiter voranzuschreiten.

Gib mir die Kraft,
mich über mich selbst zu erheben.

Lade mich mit dem Gefühl der Freude
und der Liebe auf.

Unterstütze mich dabei, meine Probleme
hinter mir lassen zu können.

Lass mich überfließende Freude sein.

Lass mein Herz vor Freude tanzen!

Lass mein Selbstwertgefühl wachsen
und wachsen, auf dass ich wieder den Mut habe,
das Neue zu beginnen.

Tiefe Dankbarkeit erfüllt mein Herz,
denn ich weiß, dass du mich
auf dieser Ebene beschützend begleitest.

Ich danke dir
für deinen liebevollen Beistand.

So sei es.

Poyel

Poyel ist der Engel des Reichtums und des Wohlstands. Er unterstützt uns dabei, den Reichtum auf allen Ebenen zu verwirklichen. Er lehrt uns aber auch, unseren Weg in Bescheidenheit und Einfachheit zu gehen, denn wir sollen nicht Gefahr laufen, überheblich zu werden oder uns in Verschwendung und Maßlosigkeit zu verlieren.

Seine Gegenwart schützt uns vor Ausschweifung und Angeberei. Charakterschwächen werden durch seine mahnende Präsenz erkannt und die noch fehlenden Anteile können bewusst in unser Leben integriert werden.

Poyel überbringt uns die Hochachtung anderer Menschen. Durch seine Unterstützung können wir den Respekt wiedergewinnen, der uns zusteht. Mit seiner Hilfe können wir sogar zu Berühmtheit und Beliebtheit gelangen – allerdings wird uns Poyel immer daran erinnern, wo wir herkommen und dass wir es ohne die Mithilfe vieler Menschen nicht geschafft hätten.

*Freude und Begeisterung sind
die besten Freunde der Fülle.*

Poyel ist auch der Engel der freien Rede. Er hilft uns dabei, unsere Worte verständlich und liebevoll zu wählen. Wenn das, was wir zu sagen wünschen, einfach und klar aus unserem Herzen heraus formuliert ist, dann gewinnen wir die Hochachtung aller Zuhörer.

Wenn wir allerdings unsere Worte hauptsächlich zur Kritik an anderen wählen, dann brauchen wir uns nicht zu wundern, wenn daraus Gegenwehr entsteht.

Seine Aspekte beinhalten auch den Schutz vor Aggressionen und Angriffen. Aller Ärger soll vertrieben werden und guter Laune Platz machen. Unsere Reizbarkeit und Nervosität soll in eine humorvolle Betrachtungsweise verwandelt werden.

Poyel hilft uns, unsere Schüchternheit zu überwinden, und unterstützt uns dabei, den manipulativen Einfluss anderer Menschen auf uns zu unterbinden. Mit seiner Hilfe können wir Projekte durchsetzen und zu einem erfolgreichen Abschluss bringen. Wir lassen uns nicht mehr von der Meinung anderer davon abbringen, sondern verfolgen unseren eigenen, authentischen Weg.

Geliebter Engel Poyel

Bitte erlöse mich von meinen Armutsgelübden
der Vergangenheit.

Bitte schenke mir die Einsicht,
dass der göttliche Wille Reichtum und Fülle
mit einbezieht.

Bitte schenke mir das tiefe Wissen
um meinen inneren Reichtum.

Bitte lass mich auf allen Ebenen spüren,
dass alles im Leben ein göttliches Geschenk ist.

Bitte schenke mir die Gabe der freien Rede
und die Fähigkeit,
mich klar und deutlich auszudrücken.

Bitte schenke mir zu jeder Zeit und
in jeder Situation tiefes Vertrauen, dass alles,
was geschieht, die beste Lösung mit sich bringt.

Lass mich zu jeder Zeit meinen Humor und
meine gute Laune bewahren.

Bitte sende mir neue Ideen und
überfließende Schöpferkraft, um meinen inneren
Reichtum im Außen zu manifestieren.

Bitte beschütze mich zu jeder Zeit
und auf allen Ebenen.
Hilf mir, einen vollkommenen,
strahlenden Lichtmantel um mich herum
zu manifestieren.

Tiefe Dankbarkeit erfüllt mein Herz,
denn ich weiß, dass du mich
auf dieser Ebene beschützend begleitest.

Ich danke dir
für deinen liebevollen Beistand.

So sei es.

Rachel

Als Engel der Leichtigkeit zeigt uns Rachel den Weg aus dem Tunnel der Verzweiflung. Wenn uns eine Art Niedergeschlagenheit befällt und wir die schönen Seiten des Lebens nicht mehr sehen, dann hilft uns dieser Engel dabei, die dunklen Wolken zu vertreiben. Das Leben hält Sonnen- und auch Schattenseiten für uns bereit. Oft neigen wir dazu, eher die Schattenseiten zu betrachten und unter ihnen zu leiden – dabei vergessen wir völlig, dass es unser ganz persönlicher Blickwinkel ist, der unsere Wahrnehmung bestimmt.

Wir selbst können uns entscheiden, welche Seite wir in Zukunft entwickeln und leben wollen.

Rachel fordert dich auf, dich aus deinen selbstquälerischen Gedanken zu befreien und deinen Blick wieder auf das Schöne und Lebenswerte zu richten. Du bist der Meister deiner Wirklichkeit! Du kannst dich entscheiden, dich wieder mit deinen Zielen und Wünschen zu verbinden.
Strecke deine Fühler wieder aus und lerne zu fliegen. Beginne neu! Jeder Tag ist ein Tag voll neuer Ideen und Möglichkeiten. Verbinde dich wieder mit dem Leben und überwinde das Vergangene – umarme das Neue mit Leichtigkeit!

Geliebter Engel Rachel

Umarme mich mit deiner liebevollen Energie
und zeige mir den Weg der Freude.

Hilf mir, mich für die Sonnenseite
des Lebens zu entscheiden.

Hilf mir, die Offenheit zu entwickeln,
zu jeder Zeit die schönen Seiten
des Lebens willkommen zu heißen.

Vertreibe die dunklen Wolken
über meiner Seele und führe mich
zu den glücklichen Aspekten meines Lebens.

Schenke mir die Leichtigkeit,
mit der ich die Dinge betrachten kann.

Zeige mir die humorvolle Seite des Lebens,
auf dass ich wieder lachen kann.

Tiefe Dankbarkeit erfüllt mein Herz, denn ich weiß,
dass du mich auf dieser Ebene beschützend begleitest.

Ich danke dir für deinen liebevollen Beistand.

So sei es.

Raphael

Erzengel Raphael ist in der Tradition der Engel der Heilung. Sein Name bedeutet »Gott heilt«. Er begleitet Heilungsprozesse auf allen Ebenen. Ihn kann man im Geiste zu sich rufen, wenn man Unterstützung in körperlicher, geistiger oder seelischer Hinsicht braucht.

Du kannst ihn auch bitten, für andere Menschen da zu sein, wenn es um Genesung geht. Seine Aufgabe ist es, die Selbstheilungskräfte zu wecken und zu stützen. Seine Kraft liegt in der Wandlung.

Wir mögen vielleicht innerhalb der Veränderung die Orientierung verloren haben und uns in Verwirrung befinden. In solchen Zeiten sollten wir Raphael bitten, den Nebel durch sein Licht verschwinden zu lassen und uns den Zugang zu unseren Stärken zu öffnen.

Als Engel der Heilung unterstützt er auch alle Heilberufe wie Krankenschwestern, Ärzte, Heilpraktiker – alle, die sich mit der Genesung des Menschen beschäftigen. Durch ihn bekommen wir wertvolle Impulse im Hinblick auf Wissen, Medizin, alternative Heilmethoden und seelische Gesundheit.

*Erzengel Raphael bringt den Humor
in den Gesundungsprozess,
denn Lachen ist die beste Medizin.*

Seine Präsenz ist von Freude und Heiterkeit bestimmt. Es kann Phasen im Leben geben, in denen wir das Gefühl haben, gewissen Zwängen unterworfen zu sein. Raphael hilft uns, diese zwanghaften Muster aufzulösen und sie liebevoll ins Licht zu entlassen.

Seine Gegenwart ist wie Balsam für die Seele. Er stärkt unsere Sehkraft, öffnet das dritte Auge und unterstützt uns dabei, uns zu erholen. Seine Aufgabe ist auch, die Erde und ihre Menschenkinder zu regenerieren, zu erneuern und alle Heilungsprozesse zu begleiten.

Erzengel Raphael zeigt uns den seelischen Grund unserer Krankheit und hilft uns, die Trennung aus der göttlichen Einheit zu überwinden. Er befreit uns aus unseren blockierenden Gedankenmustern und überholten Überzeugungen und bringt die wahre innere Freiheit und Ganzheitlichkeit zu uns zurück.

Geliebter Erzengel Raphael

Bitte unterstütze mich bei meinem Heilungsprozess.
Öffne meine Augen für die Ursache
meiner Erkrankung und schicke mir die richtigen Mittel
und Menschen, die meine
vollkommene Gesundheit wiederherstellen können.

Ich bitte dich aus tiefstem Herzen,
mich zu heilen.

Ich aktiviere meine Selbstheilungskräfte
und stelle mich vollkommen auf meine Genesung ein.

Bitte stärke meine körperlichen und seelischen Kräfte,
auf dass Heilungsenergie
durch jede Zelle meines Körpers fließen kann.

Bitte gib mir die Kraft, mein Leben
von Unrat und überflüssigen Dingen zu reinigen.

Bitte unterstütze mich dabei,
loszulassen und mein Leben neu auszurichten.

Bitte stärke mein Vertrauen
in meine Selbstheilungskräfte und schenke mir Impulse,
was ich zu meiner Regeneration tun kann.

Schenke mir den Humor, das Lachen
und die Leichtigkeit wieder, denn ich weiß,
dass ich dadurch schneller wieder gesund werde.

Bitte sende deine liebevolle Heilungsenergie
auch meinen geliebten Menschen,
auf dass sie schnell wieder gesund werden.

Tiefe Dankbarkeit erfüllt mein Herz,
denn ich weiß, dass du mich auf dieser Ebene
beschützend begleitest.

Ich danke dir
für deinen liebevollen Beistand.

So sei es.

Raziel

Raziel ist das »Geheimnis Gottes« und der Engel der Sonneneinweihung. Seine Aufgabe ist es, den Bewusstseinswandel in uns voranzubringen. Seine Kraft ist das Feuer der Sonne und daher wirkt er in unserem Körper hauptsächlich durch unser Sonnengeflecht, den Solarplexus.

Durch seine kraftvolle Energie wird die niedere Natur aufgelöst und das wahre Meisterselbst kann zum Vorschein kommen. Er gibt uns die Erkenntnis, dass wir bereits das »ICH BIN« sind. Seine Botschaft ist, uns als ein Teil Gottes zu sehen und Gott als ein Teil von uns. Wir sind die Quelle, wir waren nie getrennt von ihr, haben uns nur selbst oft so erlebt. Das ist jetzt vorbei – wir sind EINS.

Wir sollen die Sonne
in unserem Herzen erstrahlen lassen.

Raziel hilft uns dabei, wie Phönix aus der Asche zu steigen, um im Licht wiedergeboren zu werden. Dazu sollten wir alle seelischen Vergiftungserscheinungen, die uns noch blockieren und bremsen, mit seiner kraftvollen Transformationsenergie aus unserem Leben entlassen. Alle Projektionen des Egos werden durch ihn aufgelöst und die Ketten durchbrochen, die uns noch an die Erscheinungen der äußeren Welt binden. Der Weg der Freiheit beginnt.

Geliebter Engel Raziel

Bitte lass die Sonne in meinem Herzen aufgehen.
Lass mich meine wahre Größe spüren.

Bitte lass dein vollkommenes Licht die Fesseln,
die mich noch an der Vergangenheit halten, auflösen.

Bitte erlöse mich auf jeder Ebene
aus der Umklammerung des niederen Selbst.

Bitte lass die Wandlungen in meinem Leben
in Licht und Liebe geschehen.

Lass mich die Veränderung als wertvolle Bereicherung
in meinem Leben erfahren.

Zeige mir meine grenzenlose Freiheit
und führe mich ins Licht.

Ich erkenne mein Meisterselbst an und
handle in Zukunft aus dem Bewusstsein des »ICH BIN«.

Tiefe Dankbarkeit erfüllt mein Herz, denn ich weiß,
dass du mich auf dieser Ebene beschützend begleitest.

Ich danke dir für deinen liebevollen Beistand.

So sei es.

Sandalphon

Sandalphons Schwingung ist voller Zartheit und gleichzeitig voller Tiefe. Sie verbindet uns mit unseren romantischen Gefühlen und dem Sinn für Poesie.

Dieser Engel ist die Botin des weiblichen Anteils in uns. Sie fordert uns auf, die Stärke und Macht zu spüren, die in unserem Inneren erwächst und nach außen treten will. Die Geburt der Göttin steht bevor. Es ist an der Zeit, die wahre Größe der weiblichen Kraft und das Zepter der Macht anzunehmen. Um inneren und äußeren Frieden zu erschaffen, ist es wesentlich, dass der männliche und der weibliche Anteil ausgeglichen sind.

Sandalphon kommuniziert auch mit dem verletzten inneren Kind in uns, das sich von der Außenwelt zurückgezogen hat, um seine Wunden zu heilen.

Unser inneres Kind wartet nur darauf,
wieder Freude zu empfinden
und sich spielerisch auszudrücken.

Ihre Energie spendet uns Trost und lässt uns wieder Mut fassen, unser Herz wieder zu öffnen. Sensibel und verletzlich zu sein ist eine wundervolle Eigenschaft, die uns das Leben spüren lässt. Wenn wir uns jedoch aus Angst vor Verletzung den Gefühlen verschließen, um den Schmerz nicht in uns einzulassen, dann verschließen wir uns gleichzeitig der Liebe und der Vollkommenheit.

Sandalphon ist auch der Engel der Zwillingsseelen. In uns allen ist eine tiefe Sehnsucht nach unserer Dualseele verankert. Um diese tiefgreifende Liebe in unser Leben einzuladen, ist es wesentlich, jeglichen alten Schmerz bewusst ziehen und das Herz wieder sprechen zu lassen. Dieser Engel hilft uns dabei, das Tor zur unendlichen Liebe zu öffnen und uns mit unserem Seelenpartner zu vereinen.

Sandalphon ist die beste Begleiterin zur Erfüllung unserer Wünsche. Wir sollten unsere Wünsche sorgfältig auf die Konsequenzen hin überprüfen, denn sie könnten in Erfüllung gehen. Dieser Engel unterstützt uns dabei, unsere Träume zu verwirklichen – sie sollten aber mit unserem Seelenplan übereinstimmen.

Geliebter Engel Sandalphon

Ich rufe dich an und bitte dich von ganzem Herzen,
verleihe mir den Mut, meine Verletzungen loszulassen
und mich der unendlichen Liebe wieder zu öffnen.

Bitte heile meine Wunden und
schenke mir wieder Zuversicht und Hoffnung.

Verbinde mich mit meiner Sanftheit,
Güte und Nachsicht, auf dass ich Mitgefühl mit mir
und anderen entwickeln kann.

Bitte zeige meinem inneren Kind
den Weg ins Licht.

Unterstütze mich dabei, jede Tür meines Herzens
zu öffnen, die durch Traurigkeit, Wut,
Ohnmacht und andere Gefühle verschlossen ist,
und hilf mir, diese Gefühle zu heilen.

Hilf mir, mich für die Erfahrung unendlicher Liebe
bereit zu machen. Erfülle mir bitte
meinen sehnlichsten Wunsch und verbinde mich
mit meiner Zwillingsseele.

Ich bin bereit, meinen Seelenpartner
in mein Leben einzuladen und
mich der bedingungslosen Liebe hinzugeben.

Bitte schenke mir den Zugang zu reiner,
wahrhaftiger Liebe.

Erschließe mir die Möglichkeit,
meine tiefsten Sehnsüchte zu erkennen und
diese in meinem Leben zu verwirklichen.

Tiefe Dankbarkeit erfüllt mein Herz,
denn ich weiß, dass du mich
auf dieser Ebene beschützend begleitest.

Ich danke dir
für deinen liebevollen Beistand.

So sei es.

Seheiah

Seheiah ist der Engel der Fürsorge. Seine Aufgabe ist es, uns vor Unbesonnenheit und Sorglosigkeit zu bewahren. Er hält uns davon ab, »kopflos« durch die Gegend zu rennen und zu leichtsinnig zu sein. Wir können sein Wirken daran erkennen, dass wir eine Vorahnung vor drohender Gefahr bekommen oder durch eine »himmlische Vorsehung« behütet und beschützt wurden. Er kann uns aus verhängnisvollen Situationen befreien und größere Katastrophen verhindern.

Sein Auftrag sieht auch vor, uns liebevoll in die Richtung eines glücklichen und gesunden Lebens zu lenken. Seheiah beruhigt unseren Jähzorn, unsere Unbändigkeit, unsere Ungeduld oder befreit uns auch aus unserer Handlungsunfähigkeit. Er ist der Engel des Emotionalkörpers und unterstützt uns dabei, in jeder Situation besonnen zu handeln. Seheiah führt uns und lenkt unsere Aufmerksamkeit dahin, wo sie hingehört.

Seheiah schenkt uns ein glückliches, langes Leben und befreit uns von unserer Zukunftsangst.

In der inneren Ruhe finden wir das Vertrauen in die Zukunft.

Er lässt uns die Weisheit erkennen, die aus der Erfahrung erwächst.

Geliebter Engel Seheiah

Bitte beschütze mich auf allen meinen Wegen.

Lenke meine Schritte immer in die Richtung,
in der ich behütet und sicher bin.

Schenke mir Ruhe und Gelassenheit,
um meine Gefühle zu bändigen.

Bitte bewahre mich zu jeder Zeit und
an jedem Ort davor, in Situationen zu geraten,
die meine innere Ruhe beeinträchtigen könnten.

Bitte hilf mir, den Schleier der Unwissenheit zu lüften,
damit ich aus meinen Erfahrungen lerne
und Zugang zur Weisheit erlange.

Beschütze mich zu jeder Zeit, auf allen meinen Wegen.

Schenke mir ein glückliches,
langes und gesundes Leben.

Tiefe Dankbarkeit erfüllt mein Herz, denn ich weiß,
dass du mich auf dieser Ebene beschützend begleitest.

Ich danke dir für deinen liebevollen Beistand.

So sei es.

Uriel

Erzengel Uriel wird in der Tradition als »Feuer Gottes« oder »Gott ist mein Licht« bezeichnet. Er hilft uns dabei, unsere Kraft und Energie wieder aufzubauen, wenn wir schlimme Situationen erlebt haben. Wenn wir Schicksalsschläge bewältigen mussten, unser Weg uns als schwierig bis unmöglich erschien und wir gedacht haben, wir hätten unsere Verbindung zum Göttlichen verloren – dann können wir Uriel bitten, uns wieder ins Licht zu bringen. Er schenkt uns die Gewissheit, dass wir diese Phase unseres Lebens in eine wertvolle Erkenntnis umwandeln können.

Uriel steht uns bei, auf Erden unser Leben erfolgreich zu meistern. Seine Energie hilft uns, aus der Lethargie und Antriebslosigkeit auszusteigen, wieder Mut zu fassen und unsere Schöpferkraft voller Selbstvertrauen einzusetzen.
In jedem von uns befindet sich dieser Drang, etwas zu erschaffen – wir sollten diese Gabe nutzen und unsere Ideen in die Welt bringen. Uriel schenkt uns Geistesblitze, offenbart uns göttliche Geheimnisse und schickt uns kreative Impulse, damit wir diese Ideen in die Tat umsetzen können.

Durch seine Struktur hilft er uns dabei, im Chaos unsere Zentriertheit wiederzufinden. Er ist derjenige, der uns aufzeigt, wie wir Ordnung in unser Leben bringen.

Aus den schlimmsten Erlebnissen können wir die größten und wertvollsten Erkenntnisse gewinnen.

Uriel gilt als der Engel, der am meisten erdverbunden ist. Seine Energie stabilisiert und gibt uns Kraft. Seine Botschaft an uns ist, die Geschenke der Natur dankbar anzunehmen und dadurch zu unserer Lebensfreude zurückzufinden.

Ihn können wir auch um Hilfe bitten, wenn wir uns in einer Situation befinden, die ausweglos erscheint. Er erhellt die Sachlage und sendet uns lichtvolle Impulse, wie wir zu einer Lösung zum Wohle aller Beteiligten kommen können.

Uriel ist der Engel der günstigen Gelegenheiten. Durch seine prophetische Eigenschaft gibt er uns vorab wertvolle Hinweise, damit wir unsere nächsten Schritte besser abwägen können.

Geliebter Erzengel Uriel

Bitte segne mich auf all meinen Wegen und schenke
mir die Gabe der Vorahnung,
um meine Schritte in die richtige Richtung zu lenken.

Bitte verleihe mir Seelenstärke, um meinen
weiteren Lebensweg in Freude
und Begeisterung gehen zu können.

Schenke mir deine kraftvolle Energie,
damit ich meine Aufgaben bewältigen kann.

Bitte bringe Ordnung in meine Unordnung
und Struktur in mein Chaos.

Bitte zeige mir, wie ich in meine
innere Ruhe komme,
auf dass sie sich im Außen widerspiegelt.

Öffne meinen Zugang zur Schöpferkraft.

Lass mich wieder Selbstvertrauen gewinnen,
um meine Ideen voller Tatkraft in die Welt zu bringen.

Öffne mein Herz für die Erkenntnis,
dass all meine Erlebnisse dazu dienen,
ein höheres Bewusstsein zu erlangen.

Bitte lass mich hinter jeder Herausforderung
den Segen für mich erkennen.

Schenke mir Mut und Tatendrang,
auf dass ich auf meinem Weg bleibe,
bis ich mein Ziel erreicht habe.

Tiefe Dankbarkeit erfüllt mein Herz,
denn ich weiß, dass du mich
auf dieser Ebene beschützend begleitest.

Ich danke dir
für deinen liebevollen Beistand.

So sei es.

Yeliel

Engel Yeliel wird in der Tradition »Der helfende Gott« genannt. Er repräsentiert die Nächstenliebe und die liebevolle Partnerschaft. Seine primäre Botschaft ist es, die Hingabe und alle Aspekte der Liebe den Menschen näherzubringen.

Sein Auftrag ist es auch, das männliche und weibliche Prinzip zu vereinen und die Harmonie zwischen den Geschlechtern wiederherzustellen.

Seine Gegenwart ist der Schlichter in problematischen Situationen. Yeliel hilft uns, jede Streitigkeit zu beenden und in die Energie der Nächstenliebe zu kommen.

Konflikte können auch oft daraus entstehen, dass es den Beteiligten darum geht, recht haben zu wollen. Diese starre Haltung wird durch seine Intervention aufgelöst.

Es ist wesentlich, in allen Dingen
Großzügigkeit walten zu lassen,
um die Tür zur uneigennützigen Liebe
öffnen zu können.

Der nächste Schritt wäre dann der Altruismus – um diese Ebene zu erreichen, schenkt uns Yeliel innere Ruhe und Weisheit.

Ihn können wir bitten, uns in Liebesdingen beizustehen. Er unterstützt uns dabei, einen liebevollen Lebensgefährten zu finden oder eine bestehende Liebesbeziehung zu stärken.

Sein machtvolles Wort kann eine Trennung verhindern. Er gibt uns Hinweise, wie wir unsere Beziehungsfähigkeit weiterentwickeln können, und ermöglicht uns, den inneren Widerstand gegen Nähe aufzulösen.

Wenn wir in einer Beziehung unsere Gefühle unterdrücken und nicht sagen, was in uns vorgeht, dann sind Schwierigkeiten und Streit vorprogrammiert. Yeliel fördert die Kommunikation und bringt die Energie wieder zum Fließen. Geselliges Beisammensein, Gemütlichkeit, Geborgenheit im anderen, zuverlässige Freundschaft – dies alles vermag uns Yeliel zu schenken, wenn wir uns seiner Energie öffnen.

Seine Botschaft an uns ist, ein Leben voller Harmonie zu gestalten. Wir sollen ein Leben führen, das sich bewusst aus der Uneinigkeit in die Einheit entwickelt. Engel Yeliel bringt uns die Weisheit, die es braucht, um eine höhere Ebene der Liebe zu erfahren.

Geliebter Engel Yeliel

Bitte zeige mir den Weg zur Nächstenliebe.

Bitte hilf mir, die Uneinigkeiten in der Liebe
aufzulösen und Einigkeit zu erzielen.

Bitte lass Harmonie
in meinem Umfeld wirken.

Bringe meine männlichen und weiblichen Anteile
in Balance.

Lass mich die Liebe auf allen Ebenen spüren.

Gib mir Einblick, wie es sein kann,
wenn ich mein Leben nur nach der Liebe ausrichte.

Schenke mir die Fähigkeit, meine Gefühle
zu jeder Zeit wieder in Harmonie zu bringen.

Schenke mir die Fähigkeit zur Hingabe.

Ich bitte dich, mich immer daran zu erinnern,
dass ich großzügig und liebevoll bin und bleibe.

Bitte hilf mir dabei, meine Liebesbeziehung
in Harmonie und Liebe zu gestalten.

Schenke mir die Weitsicht und die Klarheit,
zu jeder Zeit zu wissen,
wie ich mich liebevoll verhalten kann.

Tiefe Dankbarkeit erfüllt mein Herz,
denn ich weiß, dass du mich auf dieser Ebene
beschützend begleitest.

Ich danke dir
für deinen liebevollen Beistand.

So sei es.

Zadkiel

Zadkiel ist der große Transformator. In der Tradition repräsentiert er das »Wohlwollen Gottes«. Er hilft, alte Verstrickungen – aus diesem wie aus vergangenen Leben – aufzulösen.
Mit seiner Unterstützung können wir Karma beenden und uns von alten Gelübden und Versprechen lossagen. Seine reinigende Energie arbeitet mit dem violetten Lichtstrahl.

Bei ihm geht es darum, den Wandel zu umarmen und die Schatten der Vergangenheit hinter sich zu lassen. Wenn wir ihn darum bitten, uns unsere unerlösten Wesensanteile erkennen zu lassen und zu transformieren, können wir seine klärende Kraft fast körperlich spüren. Wir sollen alles, was uns begrenzt und daran hindert, neue Schritte zu gehen, loslassen. Es gibt keine Situation, die man nicht zum Positiven umwandeln könnte. Seine Aufforderung ist, dass wir unseren Charakter genau betrachten und die Wesensanteile, die als Schattenseiten erkannt werden, ins Licht der Vergebung führen.

Die neuen Entwicklungen können sich erst dann in unser Leben integrieren, wenn wir das Alte hinter uns gelassen haben.

Zadkiel ist mächtig und gewaltig in seiner Arbeit, denn er treibt unsere spirituelle Weiterentwicklung voran. Alle Mechanismen, die wir uns jemals angeeignet haben, jegliche Masken fallen von uns ab, ab jetzt haben Verdrängung oder Selbstbetrug keine Chance. Der wahre Plan unserer Seele wird durch ihn ans Licht gebracht, er macht den Weg für uns frei, damit wir endlich mit der Umsetzung beginnen können.

Er wacht über die Gerechtigkeit. Ihn können wir auch um Unterstützung bitten, wenn wir in einen Rechtsstreit verwickelt sind.

Er ermutigt uns, immer wieder aufzustehen und von Neuem zu beginnen.

Mit seiner Hilfe können wir ein höheres Bewusstsein erlangen und uns ins göttliche Licht entwickeln. Wenn unser Ansinnen rein und in Demut vorgebracht wird, dann hilft uns Zadkiel dabei, die vorbestimmten und bereits gesetzten Ereignisse mit Leichtigkeit zu meistern. Das Ziel ist, die vollkommene innere und äußere Freiheit durch Erlösung und Transformation zu erlangen.

Geliebter Erzengel Zadkiel

Bitte erlöse mich von meinen jetzigen
und vergangenen Verstrickungen.

Hilf mir, die Ursachen zu verstehen und
die Wirkung zu mildern.

Gib mir genug Kraft, um die Verantwortung
meiner Taten zu tragen,
und erlöse mich aus den äußeren Fesseln.

Schenke mir Einsicht und Demut,
um mein Handeln zu verstehen und
es nicht mehr zu wiederholen.

Erlöse mich von karmischen Verstrickungen
in alle Richtungen der Zeit.

Hilf mir, innere und äußere Freiheit zu erlangen,
um meinen Seelenplan leben zu können.

Lass mich meine unerlösten Persönlichkeitsanteile
erkennen und gib mir die Kraft,
diese zu meinem Segen und zum Segen aller
dauerhaft umzuwandeln.

Reinige mich
durch das violette Feuer
der Transformation
von meinen Ängsten und Sorgen.

Leite mich durch die Veränderung hindurch
und lass mich darin
die Chancen zum Wachstum erkennen.

Tiefe Dankbarkeit erfüllt mein Herz,
denn ich weiß, dass du mich auf dieser Ebene
beschützend begleitest.

Ich danke dir
für deinen liebevollen Beistand.

So sei es.

Entdecken Sie mit der Alpenschamanin
Monika Herz uralte Traditionen

Alte Heilgebete

»Gesundbeten« war jahrhundertelang eine der wichtigsten Säulen der medizinischen Versorgung in Europa. Monika Herz lernte die Kunst der Gebetsheilung bei einem alten Heiler: Krankheiten und Leiden werden dabei durch Gebete zum Verschwinden gebracht, die Menschen erfahren Schutz und Stärkung. In diesem Buch versammelt sie Gebete, die jeder anwenden kann, um sich und anderen zu helfen.

152 Seiten, ISBN 978-3-485-01319-2

Geschichten, die heilen

Die Seele schaut in Bildern: Monika Herz arbeitet als Schamanin mit überlieferten Heilgeschichten. Sie erzählt von Jesus und Buddha, von Sufi-Meistern und Ganesha, von Tara, Lilith und der Weißen Büffelfrau und erklärt, wie wir diese Geschichten für unsere persönliche Entwicklung und Heilung anwenden können.

176 Seiten, ISBN 978-3-485-01378-9
Auch als Hörbuch: 2 CDs, ISBN 978-3-7844-4256-3

nymphenburger   www.nymphenburger-verlag.de

Die persönliche Matrix verstehen

In Zahlen sind sehr tiefe, heilsame Informationen verborgen. Mit dem Bewusstwerden dieser uralten Weisheit der Zahlen kann der menschliche Organismus in einen gesunden und harmonischen Zustand zurückgeführt werden. »Alles ist Zahl«, wussten schon die alten Griechen. Die Heilerfolge des russischen Geistheilers Grigori Grabovoi haben Zahlen als Heilmittel populär gemacht.

Monika Herz erklärt die mystische Bedeutung der Zahlen 0 bis 10, die dazugehörigen Symbole, ihren Enneagramm-Charakter und erzählt eine Heilgeschichte zu jeder Zahl. Sie stellt damit eine konkrete Methode vor, wie man Zahlen für den eigenen Heilungsweg nutzen kann.

Monika Herz
Mit Zahlen heilen

152 Seiten mit Illustrationen, ISBN 978-3-485-01409-0

nymphenburger   *www.nymphenburger-verlag.de*